THE STORY
of
✛ T ✛ H ✛ E ✛
BYZANTINE EMPIRE
✛
拜占庭帝国 的故事

［英］查尔斯·欧曼–著

Charles Oman

李达–译

中国友谊出版公司

目　录

第1章

拜占庭城

约2500年前，一队桨帆船艰难地逆流驶入漫长的达达尼尔海峡，穿过宽阔的马尔马拉海，在水流平顺的博斯普鲁斯海峡入口靠欧洲一侧下锚。那里有一处深入内陆7英里[1]的新月形河湾，这座河湾形成了一片平静的回水区，与外侧奔腾的激流相隔，后世称之为"金角湾"。在海峡入口与大海之间的陆岬上，数百迁移者在此定居，并仓促建设了连接海滩两端的简陋围栏，用以抵御内陆蛮族的侵袭。这便是拜占庭城的雏形。

定居者是多里亚的希腊人，他们来自兴旺的港口城邦墨伽拉。在希腊城邦殖民与商业扩张的顶峰时期，该城邦是最有进取精神的城邦之一。每当希腊人的舰船驶入未知的水域，墨伽拉的水手

1　1英里约合1.6千米。——编者注

都会随后而至。一批进取的贸易者向西前往西西里岛建立殖民地，但大部分墨伽拉人的注意力还是投向了太阳升起的方向，投向浓雾笼罩的黑海入口，以及更遥远的神秘土地。传说中那里坐落着"金羊毛"之国——古代世界的黄金之国，在那里，统治科尔基斯各部落的诸王坐拥数不尽的财富。在那片土地上居住着阿玛宗人，她们是勇敢的女战士，生活在特尔莫顿河流域，她们曾经一路侵袭，令遥远的希腊头痛不已。而如果继续沿黑海北岸跋涉远行，就能抵达极北之国，那里的幸运居民居住在北风刮不到的环境里，不必忍受风暴和寒冬。为了追寻这些传说中的奇迹，希腊人不断向北、向东航行，直到海的尽头。他们没有找到金羊毛，也没有找到极北之国或者阿玛宗人，但他们确实发现了许多值得发现的土地，并且通过科尔基斯的矿藏、帕夫拉戈尼亚的森林、第聂伯河和巴格河流域肥沃的耕地，以及博斯普鲁斯海峡与"麦奥提克湖"[1]的渔场带来的利润发家致富。希腊人初次抵达黑海时，曾称之为"阿克辛海"，即"不宜居的海"。而此时整片海岸遍布贸易定居点，由于海港安全便捷，这片海域的名字也就变成了"攸克辛海"，即"宜居的海"。2000年后水手从欧洲出发，掀起新一轮地理大发现时，出于相似的精神，也把曾经的"风暴角"改成了"好望角"。

墨伽拉人比希腊其他城邦的居民更在意黑海，而拜占庭城的建立也只是他们诸多成就中的一项。拜占庭城建城的17年前，一批墨伽拉移民在博斯普鲁斯海峡对岸的亚洲一侧建立了查尔西顿。而另一批居民注定要建立一座更加伟大的城市，他们在出发寻找

---

1 即亚速海。——译者注

新定居点之前去德尔斐神庙寻求神谕，据说根据他们得到的神谕，阿波罗要他们"在盲人之城对面建立城市"。因此他们在金角湾旁的海岬上建立了定居点，理由是查尔西顿的居民居然没有选择色雷斯一侧这个更有利的地点，却在海峡对岸的比塞尼亚海岸定居，实在是有眼无珠。

　　从一开始，拜占庭的位置就注定了这座城市的光辉未来。从军事和商贸意义上来说，没有任何一座城市的位置能优于它。这座城市占据色雷斯最东端的海岬，镇守欧洲的终点，面对亚洲的起点，既可以作为边境堡垒保卫一方的国界，也可以作为前进基地为另一方的入侵提供便利。早年的堡垒几乎牢不可破——城市有两面靠海，另一面则有坚实的城墙，而且附近没有任何制高点。在拜占庭城早期历史之中，这座城市从未被强攻夺取，仅有几次因为断粮或者背叛而陷落。在商业意义上，这座城市的位置可以说更优越，因为这里完全掌控了整个黑海的贸易。所有从希腊或者爱奥尼亚出发的船只，无论是驶向斯基泰或者科尔基斯的，还是前往多瑙河河口或者亚速海周边的，都必须从这座城市的城墙之下穿过。因此黑海沿岸数以百计的希腊城镇的繁荣，都取决于拜占庭城统治者的意愿。希腊人惯于短程航行，时常要停靠港口获取补给，因此拜占庭城只要作为中转站就可以安然享受繁荣。然而城中也拥有繁荣的商贸。拜占庭与附近色雷斯内陆的部落进行交易，还通过捕鱼获取了不少利润，以至于城市的徽标上画着一条金枪鱼和一头牛，即博斯普鲁斯海峡得名自传说中的那头著名的牛。[1]

1　见下页钱币图片。博斯普鲁斯海峡源自希腊神话中的伊俄，她在变成母牛之后踩出了这条分隔欧洲与亚洲的海峡（Bous-poros 即"牛的通道"）。

拜占庭城早期货币

拜占庭城晚期货币，带有星月图案

拜占庭作为独立的城邦度过了漫长而兴盛的一段时期。这座城市在建成之后的头 300 年基本保持了自由，只是被波斯国王短暂占领过 30 年。这座城市见证了许多重大事件：大流士用船只搭起浮桥越过博斯普鲁斯海峡（后来他的儿子薛西斯效仿父亲，在达达尼尔海峡搭建了另一座更著名的船桥）。15 年后，在所谓的"爱奥尼亚叛乱"中，与邻近各城一样，拜占庭城也企图摆脱波斯人的统治，但没能成功。叛乱持续了一段时间，叛乱者的领袖是希斯提亚埃乌斯，他一方面为了中饱私囊，另一方面也为了支付水手们的薪酬，就开始封锁海峡收税。他强迫所有通过博斯普鲁斯海峡的船只支付昂贵的过路费，这让他的独立运动不得人心。不久之后拜占庭城再度落入波斯人的手中，然而 17 年后，它还是从东方人的枷锁下解脱了出来。希腊人刚在萨拉米斯和米凯利的战场上赢得胜利，旋即扬帆抵达城下，在漫长的围攻之后迫使顽固的守军投降（公元前 479 年）。希腊舰队在这里越冬，而雅典的海洋帝国也在这里迈出了崛起的第一步，亚洲所有的希腊城邦都把舰队交给雅典的海军将领科蒙和阿里斯提德指挥。

公元前 5 世纪，拜占庭两次对掌控海洋的雅典宣战，而两次都被击败，城市落入敌人之手——一次是在公元前 439 年主动投降，另一次是在公元前 408 年被叛徒打开了城门。然而雅典人除了一两次可耻的例外之外，并没有给被征服者施加过于苛刻的待遇，拜占庭的居民除了支付大笔战争赔款，并未遭受更严苛的对待。仅仅几年后，他们便依靠商业收益弥补了战争的全部损失，城邦随之恢复了元气。

拜占庭城最初几个世纪的内部情况我们所知有限，只有一些古怪的、碎片化的信息。例如，拜占庭人使用铁而非铜来铸造小额钱币，这样做的古代城邦仅有斯巴达；他们的字母表有一个形状怪异的 β，就像是 π 的"脚"长长了，让其他所有希腊人都感到奇怪。[1] 城中的几大主神不难猜到：其一是海神波塞冬，正是大海的庇佑让拜占庭城得以富足；另外还有谷物女神得墨忒尔，她支配色雷斯和斯基泰的农田，这是支撑城市繁荣的另一个原因。

按照古代编年史家的说法，拜占庭城中的居民既爱好奢华又忙忙碌碌，他们在不计其数的酒馆之中流连忘返，享用绝佳的马隆内亚葡萄酒等周边地区的酒品。他们好酒，同时也贪吃：我们从史料记载中得知，拜占庭军队在一次围城战的关键时刻集体罢工，直到他们的指挥官在离城墙适当的距离为他们安排了食堂。一位喜剧作家提到，拜占庭人最喜爱小金枪鱼，并且因为食用了过多金枪鱼而导致身体滑腻如凝胶，如果温度足够高，他们的身体可能会熔化！或许这些故事是周边城邦居民因嫉妒拜占庭城的

1　见上页钱币。

繁荣而编造的，毕竟这座城市在历史上展现了相当的活力与独立精神，不会在战争面前退缩，与其他贪图享乐的民族截然不同。

直到马其顿的腓力和他更伟大的儿子亚历山大崛起之后，拜占庭城才被他们攻破。这是拜占庭历史上第五次被敌人征服。老国王进行的漫长围攻最终无果而终，在进攻时，马其顿人试图在夜间使用云梯入城，却因为被天上突然出现的一道光照出身形而失败，拜占庭人将这视作神的援助（公元前 339 年）。为了纪念这道光，拜占庭开始把发光的新月与星星作为城市的旗帜。旗帜沿用到后世，后来统治该城的奥斯曼苏丹依然使用这一旗帜。然而在击退了腓力之后，该城还是在几年后向亚历山大臣服了。作为占领广袤的马其顿帝国的一部分，拜占庭城被传给了亚历山大的后继者们——"围城者"迪米特里乌斯和利西马科斯。不过由于后者在一场战役中阵亡，拜占庭城借机得到了一定的自由。此后拜占庭保持了 100 年的独立，直到罗马人入侵色雷斯和达达尼尔为止。

拜占庭是较早明智地与罗马人结盟的城邦之一，也因此得到了相对优厚的待遇。在罗马对阵马其顿和塞琉古的安提柯大帝的战争中，拜占庭城的忠诚让罗马元老院决定赐予它"自由同盟城市"的地位。它不受罗马政府直接管控，除外交受制于罗马并要缴纳岁贡之外，在其他方面保持自由。直到罗马共和国时代结束许久之后，罗马帝国皇帝韦斯巴芗才剥夺了拜占庭城的待遇，将其纳入色雷斯行省，让它成为一个普通的行省城市（73 年）。

尽管长期以来名义上的自由被剥夺了，但拜占庭城独一无二的商贸地位却是无可撼动的。罗马帝国在最初的两个世纪一直维持着"罗马式和平"。拜占庭城在这段时期继续保持繁荣，并作为罗马世界中部最重要的城市之一屡屡出现在记载之中。

但在安敦尼王朝的黄金时代结束之后，拜占庭和罗马帝国的其他地区一样，在军人皇帝治下进入艰难的岁月。192 年，伟大而仁慈的皇帝马可·奥勒留的儿子——无能的康茂德被谋杀。此后不久，就有三人僭越称帝，并起兵争夺皇位。对拜占庭城居民而言，不幸的是他们正巧位于佩雷尼斯控制的东方行省与塞维鲁控制的伊利里库姆之间的分界线上。拜占庭被佩雷尼斯的叙利亚军队夺取，然后军队对其进行了紧急加固。与此同时，塞维鲁在控制了罗马与意大利之后，从西方赶来与佩雷尼斯交战。来自伊利里库姆的军团取得了胜利，征服了东方行省，而佩雷尼斯被处死。然而在佩雷尼斯的其他追随者臣服之后，拜占庭城的驻军依然拒绝降服。他们在这座坚不可摧的城市中坚持了两年，与塞维鲁委派的军官交战，直到 196 年才被迫投降。皇帝亲自前来惩处这座进行了长时间抵抗的城市，城中的守军、市民中的显赫人物在他的面前被处决。"使用巨大的方形岩石紧密修造，并使用铁制固件加固，仿佛结成一体"的厚重城墙，遭到拆除。城中居民的财产被查抄，而城市也失去了所有行政特权，沦为邻近的佩林索斯的附属村庄。

塞维鲁之子卡拉卡拉让拜占庭人恢复了旧日的自治权，然而这座城市受损过于严重，需要漫长的和平时间才能恢复旧日的繁荣。然而和平并没有如期到来。3 世纪中期，这里遭受了哥特人接连不断的侵袭。哥特人无情地袭扰黑海沿岸，让这一地区的贸易随之减少。263 年，加里恩努斯执政时期，拜占庭城再度被僭越称帝者占据，遭遇了与其追随者类似的命运。加里恩努斯的军队将拜占庭城洗劫一空，并进行大规模的屠杀，以至于据说住在该城的墨伽拉人后裔就此全部灭绝。但绝佳的地理位置意味着这处地点不会一直被荒弃。遭到加里恩努斯军队洗劫的 10 年之后，拜占庭城再度成为人口众多的城市，城内的居民得到了史学家特里贝琉斯·珀里奥的赞誉，因为他们在克劳狄二世执政时期英勇击退了哥特侵略者。

强势的伊利里亚（王朝因来自伊利里库姆而得名）皇帝们将罗马帝国从 3 世纪中后期的危机之中挽救了出来，拜占庭城得到了和平，得以恢复昔日的繁荣。皇帝的宫廷搬迁到附近的举措更是让城中人获利颇丰。戴克里先将他的宫殿定址在尼科米底亚，位于马尔马拉海的比提尼亚一侧，距离拜占庭城仅有 60 英里。然而拜占庭城的军事重要性往往会影响其商业发展。在戴克里先逊位之后的 20 年间，通过"四帝共治"政策而设立的其他皇帝不断相互争夺领土。不久之后，统治巴尔干半岛的皇帝李锡尼将拜占庭设为边境堡垒，而马克西米努斯·达扎统治亚洲省份。李锡尼前往意大利时，背信的马克西米努斯不宣而战，突袭夺取了拜占庭城。然而李锡尼皇帝迅速返回，在城下击败了他的对手，仅仅几个月之后就收复了这座城市（314 年）。城市因为一年两度易手难免受损，不过好在并没有和乱世之中其他被攻破的城市一样被掠夺或遭到纵火。李锡尼夺取这座城市之后决定将其加固为坚不可摧的堡垒。尽管他没有定都于此，但还是将这里作为他统治地区的主要堡垒。马克西米努斯战败之后，李锡尼控制的领域已经囊括了罗马帝国的整个东部地区。

李锡尼的最后抵抗正是在拜占庭城进行的。323 年，他明知与自己的妻舅——西帝国皇帝君士坦丁的战争胜利无望，但仍然坚守拜占庭城。战争胶着了许久，君士坦丁坚持围攻，建造高耸的土堆俯瞰城墙，并在土堆上使用大量攻城机械压制守军。最终守军打开城墙门投降，李锡尼就此失败。君士坦丁迫使最后的对手臣服后，成为罗马帝国唯一的皇帝。而这座被他攻破的城市，将在未来以他的名字命名。

第 2 章

君士坦丁堡

（328—330 年）

　　随着拜占庭城的陷落与李锡尼的失败，罗马世界再度统一由一位君主统治。自从戴克里先将帝国的省份交给同僚共治之后的37年间，不曾出现过统一的局面。多达6位、少则两位皇帝统治着不同的地区，他们统治方针有别，治理效果各异。君士坦丁得以战胜对手，其原因除了他的军事才能，还有他的管理与外交天赋。君士坦丁依靠实际行动给世界历史带来的深远影响，更是超越了许多才智远胜于他的征服者和立法者。他是个独立、自信而冷酷的人，就像他伟大的先辈奥古斯都，或者普鲁士的腓特烈大帝。

　　尽管他身上的罗马血统不多，但君士坦丁在各种意义上都称得上是典型的罗马人。坚定、冷峻、沉稳、不知疲倦，这些让早年的帝国纵横天下的特质，在他的身上都有所体现。尽管性格上

君士坦丁大帝

是罗马人，他却完全没有罗马人的感情。他出生在多瑙河畔，在亚洲和高卢的宫廷与军营之中长大成人，因而得以免于像许多先辈一样对台伯河畔的那座城市的旧日光辉抱以迷信式的尊崇。对他而言，意大利只不过是他广阔国土中的一个二流省份而已。当他划分帝国交给继承人时，他把高卢交给了自己最年长也最宠爱的儿子，把意大利交给了幼子。此前也有皇帝无视罗马城：蛮族出身的马克西米努斯一世居住在莱茵河与多瑙河流域，精明的戴克里先则把尼科米底亚作为主要的居所。但还没有人敢建造一座足以挑战罗马城的城市，而把罗马城降格为一个行省的首府。此前的皇帝在远方居住是形势所迫，因为要指挥边境的战争或管理偏远的省份。而君士坦丁要建立一座与罗马相当、影响整个文明世界的大都市，这里不是皇帝的行营或离宫，而是帝国的首都，是罗马世界的政治与商业中心。

100 多年以来，罗马对帝国皇帝而言都是最不便利的居所，摆在他们面前最大的问题是如何击退蛮族对巴尔干半岛接连不断的侵袭。莱茵河与幼发拉底河流域的边境冲突，尽管确实存在，但终究是疥癣之疾。罗马位于亚平宁半岛的深处，那里条件恶劣的海港使其难以开展航运，而阿尔卑斯山又将这里和帝国的其他地区隔开。它距离多瑙河河岸、西尔米乌姆与辛吉杜努姆等要塞太过遥远，而那里才是最需要皇帝亲征前往的地方。与波斯反反复复的战争只是小麻烦，称不上危急，波斯军队到此时也没有越过距离边境仅有 200 英里的安条克，然而巴尔干半岛的哥特人已经深入帝国腹地，劫掠了雅典和塞萨洛尼基。

掌控整个罗马世界，能力出众的君士坦丁，不可能忽视这一时代的重大需求：为帝国寻找更便利的行政与军事中心。他想要的是陆路与海路交通都很便利的地点——即使有了条条大路，罗马也无法满足这一要求。这个地点需要能够监控多瑙河地区，还不能离东方各省太远；应易守难攻，在面对北方蛮族的入侵时能够作为牢不可破的兵工厂与堡垒；与此同时又应当与边境的纷扰保持距离，保证皇室能够拥有安全、奢华的居所。史学家提到了君士坦丁曾考虑过的许多城市。首先是他的出生地，摩拉瓦河畔的奈索斯（尼什），位于巴尔干半岛腹地。然而奈索斯并不符合要求，那里距离边境太近，距离海洋太远。萨尔迪卡（今保加利亚的索非亚）也有同样的问题。奈索斯尚且还与皇帝的早年生活有关，而萨尔迪卡连这一优势都不具备。尼科米底亚位于马尔马拉海东端长海湾旁，在各种意义上都是较好的选址，而且此前也有皇帝在这里久居。但尼科米底亚的所有优势在拜占庭那里都加倍出色，而且君士坦丁也不希望自己的新首都处于先辈戴克里先的阴影之下。此外，他近来最信任的基督徒曾经遭受戴克里先与伽勒里乌斯的迫害。君士坦丁最后考虑的是伊利昂[1]，不过它除了传说时代的辉煌，以及罗马的神话作者向来宣称建立罗马的人是特洛伊的埃涅阿斯之外，再无突出之处。它离海虽近，却并无良港，而且距离达达尼尔海峡太远，无法有效控制黑海的出口。

而对拜占庭城，君士坦丁再熟悉不过了。他曾经在城外安营扎寨长达数月之久，因而非常清楚这座城市周边地区的全部情况，并细致观察了该城的所有军事上的优势。因此，选择这座古墨伽拉人的城市作为新首都，可谓再合适不过了。然而罗马世界听闻他的选择后大为惊诧。拜占庭城向来只是黑海贸易的大型港口和重要的地方堡垒，而要将帝国首都定址于此，尚不能服众。很难想象把这里变为帝国首都的所在地。

当君士坦丁决定排除巴尔干半岛的其他城市，把拜占庭城定为首都之后，他便一如既往地勤奋而细致地投入了工作。他按古罗马的习惯郑重地巡行新城一圈以划定城池边界。此后的一个传说生动地描绘了计划中的首都的宏大。皇帝率领朝廷众臣步行前进，用他的枪尖划出城市的界线。他沿着金角湾一路向西，离出发点旧拜占庭城城门已有两英里多的距离，随从们愈发惊异于他的宏伟计划。最终群臣发现，皇帝划定的区域已经超过了帝国首

---

1 传说中的特洛伊城即位于此。——译者注

都需要的面积。但君士坦丁回头斥责随从："我要继续前进，直到无形地指引我的神明认为可以停下为止。"在神秘预感的指引之下，皇帝一路走到距离拜占庭城东端3英里的位置，这时他才掉转方向，将马尔马拉海与金角湾之间的半岛，以及半岛上的七座山，全部划入新都。

君士坦丁在323年攻城时的军营所在地，即旧城城外的高地，被定为新城市的市集区。他在那里竖立了"金色里程碑"，又称"大里程碑"，上面将刻上距离东方各地的里程。作为"世界的中心点"，它并不是一块石碑，而是类似神庙的小型建筑，7根石柱支撑着屋顶，皇帝的雕像以及他颇受尊敬的母亲——皈依基督教的皇太后海伦娜的雕像，均陈列其中。

拜占庭旧城的东南部分被君士坦丁划为宫殿的所在地。所有的民房均被拆毁，空出150英亩[1]的区域。在这里不但建造了他的皇宫系统，还设计了宽敞的花园和娱乐场。以博斯普鲁斯海峡与马尔马拉海相接处的灯塔为起点，在距离海岸线约1英里处向内陆平行延伸出一堵墙，将皇宫与城市分隔开。

皇宫西北是君士坦丁堡的中心广场，即奥古斯都广场。这个巨大的方形广场有1000英尺[2]长、300英尺宽。这里的地面铺着大理石，周围环绕着国家的公共建筑。东面的皇宫在前文已有述及。而在皇宫与广场之间，还有三个各自独立又用柱廊相互连接的大型建筑。其中，最东面的是以建筑师的名字命名的左西比乌斯浴场，它纵然不如庞大的卡拉卡拉浴场，但规模足与帝国早期

1　1英亩约合4046.86平方米。——编者注

2　1英尺约合30.48厘米。——编者注

的皇帝们在罗马建造的建筑相媲美。君士坦丁扩建了拜占庭城旧有的公共浴场（塞维鲁夺取该城后曾重建这座浴场）。他在建筑的前方与庭院之中布置了来自希腊与亚洲各个名城的雕像，都是免于前 12 任执政官和恺撒掠夺的希腊艺术精品，包括林多斯的雅典娜像、罗得岛的阿芙洛狄忒像、希腊人在击败薛西斯之后供奉的潘神像，以及多多纳的宙斯像。

浴场以北、奥古斯都广场以东，是另一座宏伟建筑——元老院。君士坦丁决定在新城市中修建一座古罗马式样的元老院，并利用津贴与房屋的诱惑，说服许多古老的元老家族向东搬迁。我们可以确定这座建筑非常宏伟，但因为君士坦丁主持建造的元老院在这个世纪两度被毁，其原貌已不可考。但和左西比乌斯浴场一样，这里也装饰了古雕像，一位史学家特别提到其中希利康的九缪斯女神像。这名史学家还记下了 404 年元老院的大火。

和元老院通过柱廊相连的是拜占庭主教的住所，而拜占庭主教将在不久之后变为君士坦丁堡牧首，与安条克和亚历山大的牧首并列。这座雅致的建筑里有宽敞的会客大厅和花园，但与身后的皇宫相比便黯然失色了。牧首本人也同样如此：他距离君主太近，无法取得任何独立地位。在物质世界和精神世界上，他都受制于皇帝，从来不曾摆脱帝国政府而获得独立地位，也无法和罗马教廷一样建立国中之国。

在奥古斯都广场西侧，面对着前述三座建筑的是对君士坦丁堡公共生活意义重大的宏伟建筑——大赛车竞技场。在这块 640 腕尺 [1] 长、160 腕尺宽的场地上，上演着古罗马城的居民熟悉的竞

1　1 腕尺约合 46.38 厘米。——编者注

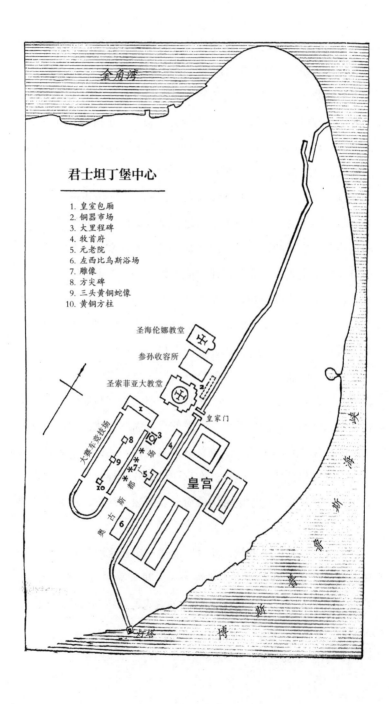

金角湾

君士坦丁堡中心

1. 皇室包厢
2. 铜器市场
3. 大里程碑
4. 牧首府
5. 元老院
6. 左西比乌斯浴场
7. 雕像
8. 方尖碑
9. 三头黄铜蛇像
10. 黄铜方柱

圣海伦娜教堂

参孙收容所

圣索菲亚大教堂

皇家门

皇宫

大竞各竞技场

奥古斯都广场

君士坦丁广场

灯塔

博斯普鲁斯海峡

大赛车竞技场与圣索菲亚大教堂

技——代表着城中的各党派的战车竞赛，而拜占庭居民对赛车的热情甚至比罗马城居民更甚。自城市落成之日起，蓝党和绿党就是城市之中最重要的影响因素之一。赛车党派的影响远超赛场，蔓延到生活的每一个角落。我们时常听说绿党支持阿里乌斯派，或者蓝党支持新皇帝篡位。不只是体育竞赛者，来自各行各业各阶层的人，都会选择并支持自己的党派。这一体系对公共秩序构成了相当大的威胁，并时常引发暴乱，暴乱最终在 523 年达到顶点，下文我们将对此详述。绿党向来从东北方向进入大赛车竞技场，坐在东侧；蓝党向来从西北方向进入大赛车竞技场，坐在西侧。皇室包厢占据了竞技场较窄的北侧，另有数百个席位留给皇帝的随从。皇室包厢中央的座位，就是臣民们最常见到皇帝出现的位置，也正是许多怪象发生的地点。暴民就是在这里为僭越称帝的希帕提乌斯加冕，后者用妻子的项链临时充作皇冠。两个世纪后，查士丁尼二世夺回君士坦丁堡之后同样端坐于此，其对手利昂提乌斯和阿普斯玛跪倒在他的脚凳边，而市民则齐声唱诵诗篇"你必践踏猛狮和毒蛇"，恰到好处地暗喻着彼时的情境。

　　大赛车竞技场的中央是"脊"，也称作分隔墙。每一座竞技场都设计有这道墙，用于划分赛道。那里装点了三座奇特的纪念碑，可以说是这座新城市建造时混杂风格的典型体现。最古老的第一个纪念碑是埃及的方尖碑，上面刻着常见的象形文字铭文。第二个纪念碑是三头黄铜蛇像，是君士坦丁堡的古物之中最引人注目，但或许最缺乏美感的雕像，这是保萨尼亚斯和希腊人为庆贺公元前 479 年普拉提亚之战的胜利而献给德尔斐神庙的雕像，蛇头上的金三脚架在 6 个世纪之前就被不敬神明的福基亚人偷走了，但环绕在底座上的铭文存留至今，告诉当代考古学者它源自何处。

赛道中央的第三个纪念碑是时代更近的黄铜方柱，与旁边年代久远的文物形成了鲜明对比。幸运的是，三个纪念碑都存留至今。大赛车竞技场的高墙已经坍塌，但中央的装饰建筑依然矗立在开阔的空地之上。土耳其人称大赛车竞技场为"阿特梅丹"，意思是"赛马场"，依稀提醒着人们其旧日的用途。

在大赛车竞技场东侧墙外与奥古斯都广场西侧，立着一排小礼拜堂和雕像，其中最重要的就是前文提到的大里程碑。起初雕像不多，但历代皇帝不断添加，让雕像填满了广场四周。君士坦丁本人安放的雕像原本是一根高耸的斑岩柱上面的希拉波利斯城的庇护神阿波罗的青铜像，而皇帝将雕像的头凿下，换上自己的头像，并添加了一系列皇帝的仪服，用来代表自己。而在罗马，却发生了截然相反的事。教宗们把科尔索石柱上的雕像进行了修改，把皇帝奥勒留的头像换成了圣彼得的头像。

大赛车竞技场以北是君士坦丁为基督徒臣民们建造的大教堂（即圣索菲亚大教堂），献给"神圣的智慧"。当时建造的教堂还没有后世著名的穹顶，只是一座当时常见的巴西利卡式的相对低矮的建筑。在 5—6 世纪两度被焚毁之后，教堂原来的特征已经荡然无存。从圣索菲亚大教堂的西门出去，通过一道有拱顶的木廊穿过广场，就能到皇宫的大门。皇帝不需要穿过圣索菲亚大教堂对面的铜器市集，就可以直接从皇宫前去礼拜。这个走廊在作用上或许与佛罗伦萨连接彼提宫和乌菲兹的走廊相近。

上述华丽的建筑组成了君士坦丁堡的核心区。皇宫、大赛车竞技场与大教堂，是这座城市历史上绝大多数重大事件的发生地。城市还向西北方向延伸了数英里，尽管无法与奥古斯都广场周边区域相比，但沿途值得记述的建筑依然比比皆是。圣使徒教堂是

建造宫殿（出自拜占庭细密画）

君士坦丁指定的家族墓地，也是城市中第二大的教堂。在更加偏远的地区，值得一提的建筑还有港口一带的谷仓，以及金门——走西边大路的旅人由此入城，另外还有首都执政官的府邸。君士坦丁的骑马雕像就位于首都执政官府邸之外。这尊雕像是君士坦丁堡的主要观光景点之一，保存到了中世纪末期，并衍生出了一些传说故事。

15 世纪的君士坦丁大帝骑马像

328 年或 329 年（准确的年份尚难以确知），君士坦丁决定将拜占庭城作为首都，并制订了城市建设的计划。330 年 5 月 11 日，因为建筑施工进度超出预期，他便举行了城市落成的典礼。基督教主教为尚未完工的宫殿赐福，这是第一次在圣索菲亚大教堂举办的典礼。君士坦丁尽管尚未接受洗礼，却自建城之初便打算让这座新城市基督教化。多神教在城中的遗迹只剩下在拆毁拜占庭旧城以便建造宫殿和周边建筑时免于被毁的少数旧神庙。搬到浴场与元老院旁边的多神教雕像只是艺术装饰品，不再受人尊崇。

为了填补这座大城市的人口空缺，君士坦丁邀请罗马城的许多元老，以及希腊和亚洲各省份的许多富裕地主，搬到这座城市里居住。他在新元老院中给他们安排位置，还向他们赠送住所。不计其数的各级宫廷官员，以及他们的随从和奴隶，无疑在新城市的人口中占了很大的比例。数以千计的画师和手工业者被各种待遇吸引搬迁至此，商人和水手本来就是拜占庭城的常客，如今更是大量拥入，让旧城繁荣的商贸相形见绌。君士坦丁吸引移民来到新首都的最有效手段就是古罗马城居民领取面包的特权，不过其副作用是滋养懒汉。此前运往罗马供给市民的埃及小麦，如今转往君士坦丁堡，此后向罗马运输粮食的只剩下从迦太基出发的航船了。

330 年城市落成典礼结束之后，皇帝颁布敕令，将这座城市定为"新罗马"，刻着这份敕令的大理石板就放在皇帝的骑马雕像旁边。但"新罗马"最终仅仅用于诗文和修辞之中。从一开始，世人便坚持以建造者的名字命名这座城市，称之为君士坦丁堡。

第 3 章

决战哥特

　　君士坦丁一世在新城建成七年之后，于 337 年 5 月 22 日在这座繁华的城市中安然逝世。他在弥留之际最终接受了基督教的洗礼——他在后半生对此考虑甚多。他在遗嘱中把帝国分给了他的子侄们，然而接踵而至的一系列谋杀与内战，让皇室成员凋零殆尽，而这个从苏格兰的福斯河延伸到底格里斯河的庞大帝国最终落入了大帝的次子君士坦提乌斯二世的手中。罗马世界的永久分裂还未成定局，集权统治仍有可能。由于偶然的原因，3 世纪时纷扰不断的蛮族入侵暂时告一段落，除了莱茵河与幼发拉底河畔的小冲突之外，罗马人得以免于纷扰。君士坦提乌斯二世确有一定的管理能力，但他性格阴沉、多疑而无情，将空余时间耗费在宗教争议上，更是不光彩地在历史上第一次以基督徒身份迫害基督徒。他死后堂兄弟尤里安短暂继位，尤里安为人和善，博学文雅，却顽固而狂热地信仰多神教，想要让时光倒流，恢复对古希腊众神的崇拜。君士坦提乌斯二世和尤里安在位时帝国都没有遭遇重大危机。这两位皇帝都认为帝国的危险在东方的美索不达米亚边境，波斯国王沙普尔试图在那里突破罗马帝国守护的叙利亚和小亚细亚的边境防线，不过没取得多少进展。

但灾难却没有来自东方，而是北方，那里的风暴已酝酿多时。

150年来，罗马人对哥特人诸部已有较多接触，哥特人是帝国边境的日耳曼诸部中最靠东的。整个3世纪，他们都在接连不断发动掠夺，袭扰巴尔干半岛，前文对此已有提及。帝国在一番奋战之后才把他们赶回多瑙河对岸，迫使他们居住在北岸曾经属于达契亚人的土地上。帝国与他们最近的一次交锋是在君士坦丁一世执政时期：在一场从328年延续到332年的战争中，君士坦丁在战场上将他们击败，迫使哥特国王遣子为质，并签署和约。此后哥特人对战争和冒险的渴望似乎被永久遏制了，他们在边境相对安稳地居住了40年，很少到多瑙河对岸掠夺。他们很快在蒂萨河和普鲁特河畔定居下来从事农耕，与默西亚的罗马城镇自由贸易，许多年轻的哥特勇士在罗马人的辅助军团中服役，还有数量可观的哥特人移民被允许作为帝国的臣民在巴尔干山区的北部定居。此时，许多哥特人已经皈依了基督教，由本族的神父管理，还开始使用翻译成民族语言的《圣经》。杰出的主教乌尔菲拉是最早皈依基督教的哥特人之一，他是第一位日耳曼人主教，翻译了整部《新约》和大部分《旧约》。他的作品大部分留存至今，也是现存最珍贵的古日耳曼语言遗存，价值无可比拟。

哥特人以往的凶悍正在迅速消失。相比更远方的蛮族，他们已经堪称文明民族了。罗马人也开始把他们当作边境的警卫，用

哥特人的偶像（出自阿卡狄乌斯石柱）

来驱赶他们北方与东方更野蛮的部族。此时哥特人分为两部：西哥特人，所谓特尔文部，居住在偏南的地区，位于今摩尔多瓦、瓦拉几亚和南匈牙利地区；东哥特人，所谓格鲁腾部，居住在东北地区的比萨拉比亚、特兰西瓦尼亚与德涅斯特河流域。

然而随后发生了一系列完全出乎人们预料的事件。它们证明了君士坦丁大帝的远见卓识——将他坚固的首都作为巴尔干半岛的军事指挥中心。

大约在 372 年，一个规模庞大的鞑靼游牧民族——匈人，突然从顿河与伏尔加河以东席卷而来，冲进黑海北岸地区，开始西进。首当其冲的游牧部族阿兰人几乎被灭族。而后匈人开始进攻哥特人。东哥特人竭尽所能在德涅斯特河一线抵御迎面而来的攻击。"这些人的脸与其说是脸，倒不如说是扭曲的黑肉块，眼睛只有两个点那么小。他们体形矮小，却灵巧有力，擅长骑马，肩宽膀阔，箭法高超，顽固而高傲。在几乎非人的外表之下掩藏的是野兽的暴戾。"这些哥特历史学家描述的怪异敌人，东方日耳曼诸部无法抵御。东哥特人被打垮，沦为匈人的附庸，仅有少数人一路向南进入瓦拉几亚滨海地区，居住于多瑙河河口的滩涂附近。匈人转而进犯西哥特人，继续推进入侵的浪潮。巴格河和普鲁特河都无法阻挡蜂拥而至的匈人弓箭手，西哥特人在其首领弗里提根的率领下被迫携带家眷和辎重仓皇撤退，一直抵达多瑙河畔。西哥特人不愿像东方的同族一样投降，他们接受文明的程度更深，绝大多数人已经皈依基督教，在他们看来，无法忍受沦为奴隶的结局。

在多瑙河畔，罗马帝国的边境上，绝望的西哥特人向皇帝请求渡河。一名同时代的记述者记录了他们的境况："所有免于沦为匈人的奴隶的人——不少于 20 万适于兵役的男子，以及他们的妻儿老小——停在河岸边，高举双手高声哀号，为灾厄而恸哭，恳求允许渡河，并许诺只要帝国施恩，就永远作为帝国的忠实同盟者。"

此时（376 年），罗马帝国再度分治。君士坦丁家族的统治已经终结，东帝国的统治者是瓦伦斯，一个愚蠢、怯懦又贪婪的君主。他之所以得到皇冠并统治半个罗马帝国，仅仅是因为他是当时最出色的军事指挥官瓦伦提尼安的兄弟。瓦伦提尼安自己统治西帝国，常年住在莱茵河与多瑙河上游的军营之中，而懒惰、怯懦的瓦伦斯则躲在君士坦丁堡的皇宫之中，朝堂上满是奴仆和阿谀奉承之人。

哥特人的提议让瓦伦斯深感恐惧。很难说哪个选择会招致更大的危险——是拒绝 20 万因背后的强敌而愈发绝望的武装人员入境；还是允许他们穿越防护边境的河流与堡垒，并赐予土地安置他们。在一番思考之后，他选择了后者。只要哥特人交出人质并解除武装，他可以提供渡船让他们渡过多瑙河，臣服于帝国，并在帝国境内定居。

哥特人接受了条件，各部首领交出自己的儿子作为人质，而后飞速登上罗马人在多瑙河的运输船队。但他们抵达默西亚之后不久，新的问题就爆发了。罗马官员最初试图解除移民的武器，但这些移民不肯交出武器，并愿意为此支付大笔贿赂金。这些官员便彻底违背了命令，接受了贿赂，允许哥特人保留武器。新的纷争随后再度爆发。因为数十万人突然之间从边境拥入，默西亚的粮食产出无法供应这么多新人口，瓦伦斯便下令从亚洲调粮食给哥特人食用，直到后者获得耕地并开始耕种之后为止。但当地的官员卢皮西努斯为了中饱私囊，扣下了皇帝征调的粮食，并以极高的价格向哥特人兜售。饥饿之中，哥特人接受了极度苛刻的条件，一个哥特奴隶换一块面包，十磅银换一只羊。无耻的盘剥榨干了哥特人的钱财与耐心。穷困的移民甚至把儿女卖为奴隶，只为让儿女不至于饿死。哥特人陷入了绝望，而一个偶然的火花点燃了他们的怒火。行省长官卢皮西努斯在马尔西安波利斯城宴请弗里提根和他麾下的一批贵族，这时一批饥饿的哥特人来到城中抢劫市集。一批罗马士兵试图把他们赶走，却在争斗中遭受伤亡。得知这次动乱及其原因之后，卢皮西努斯鲁莽地命令随从逮捕弗里提根和其他的客人，就地处决。哥特人拔剑搏斗，冲出了宴会厅，抢回马匹跑到最近的营地。弗里提根对他的部众讲述了情况，而他们随即决意武装反抗罗马帝国。

而后的一年之内，在多瑙河畔与巴尔干山区北部，双方进行了一系列恶战。哥特人缺粮已久，在盘剥和欺诈之下积怨日深，很快事实证明半个世纪前才被纳入基督教世界与文明社会的他们依然保留着旧日的野蛮本性。双方的战斗基本上是3世纪大动乱的重演，城镇遭到洗劫，乡村如之前一样不得安宁，而省内大批逃亡的奴隶与其他流民纷纷加入入侵者的行列，使得战争的激烈程度不逊以往。但罗马军队依然保持着旧日的威望，哥特人的破坏在巴尔干被遏制住，尽管有多瑙河河口的东哥特残部和其他因匈人而流亡的部族前来加入，西哥特人却在战争初期一度被帝国军队压制住。在艾德萨利克（今康斯坦察附近），一场残酷的决战让双方付出了相当的伤亡，却没有决定战局。

然而次年，那位不懂军事的皇帝在臣民的呼求之下决定亲自出征，并从小亚细亚征调了大批援军。与此同时，他的侄子格拉提安，即继承了西帝国皇位的英勇君主，也从潘诺尼亚出兵，增援多瑙河下游方向。

瓦伦斯个人对战局的干预以灾难性的惨败告终。378 年，哥特人主力成功突破了巴尔干防线。他们抵达阿德里安堡附近之后，皇帝率 6 万大军迎击。所有人都认为胜利已经注定，毕竟罗马军团不败的威名依然如故，其纪律严明的"精锐步兵"的历史可以追溯至布匿战争时代，迄今已征战 600 余年。如今的他们依然认为，只要指挥得当，罗马步兵一定能战胜蛮族的乌合之众。

但军事史的新篇章将在此揭开。在南俄草原与今罗马尼亚的大平原上居住时，哥特人成为日耳曼诸部之中最早开始骑马作战的部族。在乌克兰居住的他们深受这片土地的影响，这里自斯基泰人的时代到鞑靼人和哥萨克的时代都是骑兵产地。他们开始"认为在马上作战比步行作战更荣耀"，所有首领的扈从部队都骑马行动。被迫和帝国交战的他们，如今要面对让整个世界畏惧已久的罗马军队，他们三代之前的祖先正是罗马军团的手下败将。

瓦伦斯发现哥特军队的主力位于阿德里安堡以北的平原，驻扎在"车阵"之中。在无果而终的一系列谈判结束之后，他对哥特人的正面发动进攻。然而突然之间，大批骑兵冲向罗马人的侧翼。这支部队才是哥特人的主力骑兵，他们此前在远处收集粮秣，得知罗马人进攻，他们直接催马冲上战场。护卫皇帝部队侧翼的部分罗马部队被冲垮，自相践踏。而后哥特人开始攻击左翼的步兵，并将他们向中央推挤。他们的冲击力极强，以至于各个军团被挤压在一起，陷入一片混乱。所有坚守的尝试都失败了，不久之后左军阵、中军阵和预备队混杂成了一团。皇帝的卫队、轻装投射部队、长枪兵、辅助军团和军阵步兵被挤在一起，而敌人的冲击却持续增强。罗马人的骑兵部队发现大势已去，便见死不救，逃离了战场。那时，被抛弃的步兵才意识到他们的恐怖处境：既无法部署反击，又无法逃走，只能等待砍杀到来。挤在一起的士兵无法举起武器，长枪折断的咔嚓声此起彼伏，长枪兵都无法将武器直立起来，许多士兵窒息而死。在战栗的罗马大军之中，哥特人纵马狂奔，用长枪、长剑杀伤无助的敌人。直到 4 万人死亡之后，余下的部队才得以摆脱拥挤，追随骑兵的步伐逃跑。战死者中包括皇帝，步兵、骑兵指挥官，宫廷卫队长，还有 35 支部队的指挥官。[1]

阿德里安堡之战是罗马军队在坎尼之战之后遭遇的最惨痛的失利——同时代的史学家阿米安努斯·马尔塞林努斯恰当地把这两场屠杀进行了对比。东帝国的部队几乎被全歼，从此再也未能以罗马帝国的旧编制重新组织。

这次灾难也让拜占庭城在改名君士坦丁堡后第一次遭到围攻。在尝试攻下阿德里安堡城失败后，胜利的哥特人迅速向帝国的首都靠拢。一路烧杀抢掠之后，他们推进到该城西南方向的出口"金门"。但进攻注定无果而终："当他们望向高耸的城墙与宽大的街道时，他们的勇气不复存在了，城中的一切财富对他们而言可望而不可即。他们抛弃了之前准备的攻城器械，掉头返回色雷斯。"[2] 哥特人和紧急调来加强守备的一支撒拉逊骑兵在城下进行了一次前哨战之后，再未试图攻城。逝世 40 年之后，君士坦丁一世的远见卓识终于第一次得到了证明。事实确如他所料，只要在

1　应当指出，后世一些学者，如 T. S. 伯恩斯，认为欧曼爵士对这一战的分析过分强调了哥特骑兵的重要性。——译者注
2　阿米安努斯·马尔塞林努斯。

博斯普鲁斯海峡边建造一座坚不可摧的城市，即使巴尔干半岛的开阔地区已经任入侵者纵横驰骋，依然能够挽救危局。

狄奥多西继承了不幸的瓦伦斯的皇位，这位明智而道德高尚的君主以他的谨慎与勇气，重整在多瑙河畔的惨败之后动摇的罗马帝国。凭借东帝国的残余部队，他出兵与蛮族开战。他没有和敌人的主力决战，而是歼灭了一系列的掠夺者和小股部队，让继续战争对他们而言无利可图。如果他们出发掠夺，他们就会被各个击破；如果他们群聚一处，又无法供应粮秣。弗里提根也在此时去世，狄奥多西便和他的继承者阿塔纳里克和谈——这位国王不久之前率领一批哥特人从喀尔巴阡山出发渡过多瑙河前来。狄奥多西坦诚地接受了弗里提根 10 年前向瓦伦斯提出的条件，并遵守了承诺。他赐予哥特人土地，让他们在自己曾经大肆破坏的色雷斯地区定居，并将所有哥特首领和他们的扈从征召进帝国的部队。阿德里安堡之战 10 年后，他麾下已经拥有 4 万条顿骑兵，他们成了他部队之中最优秀也最难对付的一支力量，获得的薪酬也比罗马本土的士兵要高。狄奥多西这一政策在军事上的效果是令人满意的。当他在 388 年与反叛的马格努斯·马克西姆斯开战，以及在 394 年与反叛的欧根尼乌斯开战时，正是哥特辅助军团让他两度大胜西帝国的军团。

但从政治意义上来说，狄奥多西的尝试却引来了罗马帝国未来最大的威胁。此前的蛮族进入辅助军团时，其指挥官都是罗马人，并且和数量相等的罗马部队混编。而任他们由自己的首领管理，并有意偏向他们，损害本土的部队，绝非长久之计。本质上，这是倒持太阿，将帝国交到了蛮族首领的手中。对他们的约束，除了对狄奥多西个人的忠诚之外，就只有对堂皇的罗马帝国名号

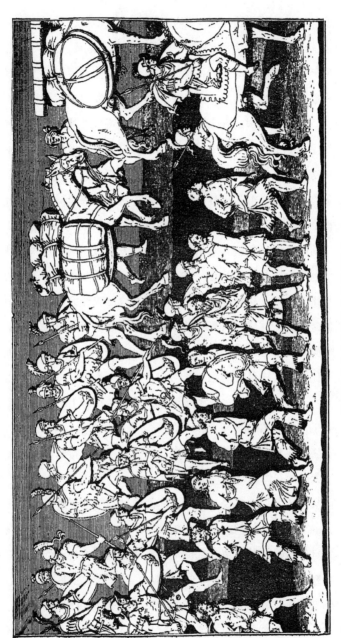

哥特得俘虏（出自阿卡狄乌斯石柱）

以及罗马文化的敬畏。这种敬畏感彼时依然强烈，正如哥特史学家约恩纳德斯记载老国王阿塔纳里克来到君士坦丁堡时的情景："当他入城之后，他说道：'现在，我终于看到我耳闻已久的壮丽景观了。'他四处观看，赞叹不已，先观看了城市的选址，而后是运粮船，再之后是高耸的城墙，以及城中如同百川入海的各个民族，还有纪律严明的士兵队列。最后，他高声喊出：'毫无疑问，皇帝就像地上的神，反抗他就是犯了背叛自己族裔的罪。'"但这样的印象没有持续多久。395 年，优秀的皇帝、"热爱和平者与哥特人之友"狄奥多西撒手人寰，皇位由他两个羸弱的儿子阿卡狄乌斯和霍诺留继承。

第4章

日耳曼人的离去

4世纪末，罗马帝国的境况让之前狄奥多西的谋划变得格外危险。帝国政府高度中央集权化和官僚化，由君士坦丁堡直接任命各行省大小官员。各地几乎没有自治政府，人民也没有多少地方主义思想。在官僚看来，平民既没有权力也没有能力，存在的意义仅仅是交税。这样的观点非常盛行，以至于无论是地方富人，还是最贫穷的农民，所有土地持有者在未经特别批准的情况下都不得搬迁到另一个地区，只为保证税收稳定。土地所有者甚至不被允许参军，除非他能够留下继续纳税的继承人。民事体系管理的平民和军事体系管理的军队几乎完全脱节，处于任何社会地位的平民都不能加入军队，只有不需要纳税的更低基层的人才要承担军役之苦。另一方面，帝国也竭尽所能地要求士兵的子孙继续服兵役。由此产生的职业军队，虽然保护着没有任何地方警戒力量的省份，却对后者没有任何感情。

军队在 3 世纪接连不断地惹是生非。100 年间，他们肆意废立君主。那时帝国的军队之中，士兵还依然是以帝国的居民为主，并且由罗马人指挥。

然而狄奥多西把哥特人的军事力量全盘纳入帝国军事体系之后，军队的本土力量就被削弱了。更重要的是，日耳曼人随即得以控制军队之中的许多高级职务。诚然有一些人和罗马妻子成婚，欣然接受了罗马式的生活，而且几乎所有人都改信了基督教。但说好听的，他们不过是异族的武装冒险者；说不好听的，他们随时都可能重新成为旧日的蛮族，抛弃忠诚与文明，和 3 世纪时一样肆意妄为地扰乱帝国。很明显，把胆怯又没有武装的平民交给这些人保护，无异于引狼入室。他们极度蔑视那些不参战的平民，并且永远填不满掠夺帝国富裕城市的贪欲。军方领袖废立君主易如反掌，而士兵也同样可以轻易地掠夺地方教堂或府库的财富。

狄奥多西个人的统治力量不复存在之后，帝国就在所难免地陷入了纷乱。无论是在君士坦丁堡统治的阿卡狄乌斯，还是统治西帝国的霍诺留，在他们的朝堂上都爆发了日耳曼人和罗马人的派系纷争。狄奥多西把大量军界要职交给了哥特人和其他日耳曼人，其后续影响近乎无法控制。时任军务统领（最高指挥官）的斯蒂利科，就是霍诺留宫廷中的权臣。尽管斯蒂利科是纯粹的蛮族血统，狄奥多西还是把自己的侄女塞蕾娜嫁给了他，并委任他掌控西帝国的大权，辅佐年仅 11 岁的小皇帝。东方的阿卡狄乌斯已经 18 岁，本来足以执掌帝国大权。然而他只是个年轻的蠢材，"矮小羸弱，面色蜡黄，沉闷得很少说话，仿佛随时都可能睡着一般"。他宫廷中的掌权大臣是来自西帝国的罗马人鲁菲努斯，然而后者执政不到一年，就在检阅仪式上被哥特军官盖纳斯当着皇帝的面杀死。羸弱的阿卡狄乌斯被迫委派宦官尤特罗皮乌斯处理政务，并任命盖纳斯为东方军务统领。

盖纳斯和斯蒂利科满足于在宫廷之中把持大权，但另一位日耳曼人领袖则认定此时是进行更大冒险的机会。阿拉里克是哥特人眼中半人半神的巴尔提家族的直系后代，他年轻、勇敢、桀骜不驯，在君士坦丁堡的几年生活没有让他顺服，反而让他对罗马人的柔弱轻蔑不已。狄奥多西逝世后不久，他就以阿卡狄乌斯的幕僚拒绝给契约军团（即辅助军团）支付拖欠的薪酬为借口，集结西哥特人发动了叛乱。在默西亚和色雷斯居住的日耳曼人几乎全部加入叛军，君士坦丁堡的政府则发现他们可以对抗叛军的部队已所剩无几。阿拉里克长驱直入，从多瑙河流域抵达君士坦丁堡城下，又从君士坦丁堡前往希腊，一路烧杀抢掠，满载而归。能对抗他的只有斯蒂利科。斯蒂利科奉命从西帝国前来支援皇帝的兄长，并以妙计成功将阿拉里克赶入阿卡迪亚的山区。但当阿拉里克任他处置之时，人们才明白"同类不相食"的道理。这位日耳曼大臣放走了日耳曼叛军，西哥特人随即北上进入伊利里库姆。掠夺了大批财富之后，阿拉里克终于心满意足，同意和阿卡狄乌斯和谈，开出的条件是将他封为军务统领，从而和斯蒂利科与盖纳斯平级，获得自己部族所索取的所有土地（396 年）。

接下来的五年间，阿拉里克在士兵的推举下成为哥特人的王，牢牢控制着巴尔干半岛东部，仅仅对君士坦丁堡那位无力的皇帝保持象征性的忠诚。从各方面看，日耳曼人的王国都即将长期统治多瑙河西南部。此前降临在高卢、西班牙和不列颠的命运，似乎在几年后也将降临在默西亚和马其顿。如果日耳曼人在塞尔维亚与保加利亚定居，那么欧洲的历史将会发生何等重大的变化，基本是不言而喻了。

然而其他事件却突然发生。401 年，阿拉里克没有继续进攻君士坦丁堡，而是突然对西帝国皇帝霍诺留宣战。他绕过亚得里亚海北端，入侵北意大利。已经是半个罗马人的斯蒂利科决心把西帝国的统治大权留在自己手中。他全力抵抗，要把哥特人赶出意大利，击退了阿拉里克的第一次入侵。然而就在此时，年轻的皇帝，这位和兄长阿卡狄乌斯一样怠惰，却比他还要无能的霍诺留，以叛国罪的名义逮捕并处死了这位军务统领。斯蒂利科死后，阿拉里克就可以肆意妄为了。他率领西哥特人整体进入意大利，无人可挡。他掠夺并勒索沿途的所有城镇，包括罗马在内。西哥特人就此离开了巴尔干半岛，挥师意大利，继而进军西班牙。

虽然阿拉里克把目光转向了意大利，然而在他和斯蒂利科交战之前，君士坦丁堡的宫廷中已经发生了动乱。东方军务统领哥特人盖纳斯，与借助他的力量取得大权的宦官尤特罗皮乌斯决裂，而这位军方权臣自然可以轻而易举地解决后宫的阉人大总管。在盖纳斯的授意之下，亚洲的日耳曼雇佣军开始在特里比吉尔德的率领之下发动暴乱。盖纳斯奉命前去平叛，并以这一名义开始集结部队。但当他集结起大军之后，他没有进攻叛军，而是向君士坦丁堡送信，要求阿卡狄乌斯交出可憎的大总管。尤特罗皮乌斯听闻这一消息之后逃进教堂寻求庇护——他进入圣索菲亚大教堂并抱住圣坛。时任君士坦丁堡牧首的"金口"约翰勇敢地禁止士兵进入教堂，庇护了这位避难者好几天。圣索菲亚大教堂的历史上最引人注目的场景之一，就是畏缩的大总管抱紧圣坛，约翰则向聚集起来的信众讲解《圣经》中的话："虚空的虚空，凡事都是虚空。"尤特罗皮乌斯这个昨日的帝国权臣如今成了避难罪犯,便是这句话最好的例证。牧首得到保证:这位宦官将保住性命。得到许诺之后,尤特罗皮乌斯自行走出教堂投降。阿卡狄乌斯将他流放到塞浦路斯岛,然而固执的盖纳斯并不满足于流放,他下令把尤特罗皮乌斯押回君士坦丁堡,斩首示众。

军务大臣此时把大军带到了君士坦丁堡,聚集在城外恫吓皇帝。似乎不久之后日耳曼人就要入城洗劫了,然而10年之后罗马城的厄运并没有发生在君士坦丁堡。一次偶然的斗殴瞬间终结了盖纳斯的统治。他和麾下的大部分部队在城外时,一道城门处一批哥特人和一群不满市民的争执,引发了反对日耳曼人的全面暴动。君士坦丁堡的居民展现了不逊于历史上罗马居民的勇气与反抗精神。全城居民拿起任何可以作为武器的物件,攻击日耳曼士兵。城门被关上以阻止盖纳斯和他城外的部队入城,而械斗席卷了全城的大街小巷。城中分散的日耳曼人被逐个打死,最终他们的军营也被包围并焚毁。暴乱者占了上风,7000名日耳曼士兵被杀,余者侥幸逃脱。盖纳斯立即公开向帝国宣战,然而他既不是阿拉里克那样的天才,也没有规模庞大的军队。他在战场上兵败,被迫渡过多瑙河逃亡,而后被匈人的国王乌尔丁俘虏并斩首。说来奇怪,击败盖纳斯的军官不但是哥特人,而且还依然信仰多神教。他名叫弗拉维塔,是狄奥多西忠实的战友。他为狄奥多西的儿子忠实奋战,甚至对自己的同胞刀剑相向(401年)。

阿拉里克的离开和盖纳斯的被杀,让东罗马帝国得以摆脱双重威胁的重压。帝国既没有见到独立的日耳曼王国在多瑙河与摩拉瓦河畔建立起来,也不会再受教化未深的日耳曼人军务统领统治,让他肆意任免官员,乃至废立皇帝。羸弱的阿卡狄乌斯得以在相对的和平与安静之中度过人生剩余的 7 年时光。他的宫廷纷扰只剩下他的配偶——皇后艾丽娅·尤多西亚与君士坦丁堡牧首"金口"约翰之间的争执。约翰的高尚与虔诚确实值得称道，然而他的言语和行动却时而莽撞又不计后果。他的宽容与雄辩让他成为帝国首都居民的楷模，然而他的苦修作风与对待下属时的专断，为他在教会之中屡屡树敌。牧首的敌人得到了皇后的秘密支持，因为约翰时常出言指责皇后生活奢侈放荡。她支持亚历山大牧首狄奥菲鲁斯的阴谋，以打压亚洲教士的名义指控约翰，最终皇帝被迫仓促召集大公会议，在首都城郊举行"橡树庄宗教会议"。民众立即行动起来支持牧首。暴乱爆发，狄奥菲鲁斯被赶回埃及，而一场仿佛展现了神意的地震也吓倒了皇帝，他只好让约翰继续担任牧首。

然而一年后，皇后和牧首的战争再度爆发。约翰因为在奥古斯都广场竖立尤多西亚的雕像一事，再度开口议论。落成仪式上，一些带有多神教色彩的旧典礼激起了他的怒火，按照其政敌的记述，约翰在一次措辞严厉的布道之中将皇后比喻为希罗底，而自比施洗者约翰。皇帝在妻子的要求之下召开了新的宗教会议，谴责了"金口"约翰，在 404 年的复活节上派士兵在牧首的教堂之中将他逮捕，流放到亚洲。当晚，或许是"金口"约翰的支持者出于愤怒而点燃的大火，将圣索菲亚大教堂烧成一片废墟。大火还延烧至周边的建筑，君士坦丁大帝下令收藏在元老院之中的古希腊艺术品也因此焚毁。

与此同时，被流放的约翰抵达了卡帕多西亚深山之中的堡垒，而后又被判转往黑海岸边的皮齐乌斯的偏远监狱囚禁。他在前往皮齐乌斯的途中逝世，留下了忍耐与笑对苦难的美名。这位 5 世纪的圣贝克特几乎是唯一一位就单纯的道德问题与皇室争执的君士坦丁堡牧首。"金口"约翰抨击的是皇后和宫廷之中的奢靡与放荡，而对他的罢黜也完全没有涉及教义问题，针对他的指控都只是不忠诚的教士和感到受辱的皇后尤多西亚憎恨和报复约翰的托词而已（407年）。

第 5 章

东帝国重整

　　暗弱且懒政的阿卡狄乌斯在 408 年逝世，年仅 31 岁，而他蛮横的妻子先他一步离世，东帝国的统治留给了他们唯一的儿子，年仅 7 岁的狄奥多西二世。罗马帝国历史之中，鲜少有年幼的皇子能够安然继承父位的情况，总会有野心勃勃的亲属或者不忠的将军来排挤无助的小皇子。然而阿卡狄乌斯的大臣们或是格外高尚，或是严重缺乏野心，小皇帝按照安排继位，东帝国由贤能的禁卫军执政官安特米乌斯主持。历史对这位官员的记述是一致的赞誉，他明智地和波斯国王签署了贸易协定，轻松地击退了匈人对默西亚的入侵，还在多瑙河上组织了一支舰队，这是自 40 年前瓦伦斯兵败身死后帝国的战舰第一次在多瑙河上巡航。此外他还重整了君士坦丁堡的粮食供应，竭尽所能恢复残破的巴尔干半岛西北部地区的秩序与生产——阿拉里克和他的西哥特部族此时终于离开了这一地区。他为帝国做出的更重大贡献，在于把年轻的狄奥多西二世培养成正直而虔敬的人。安特米乌斯管理的宫廷保持着高尚德行，皇帝和他的三个姐妹——普尔科莉亚、阿卡狄亚和玛丽娜，都德行无亏，堪称模范。尽管狄奥多西二世继承了他同名祖父的虔诚与正直，并且热衷文学、擅长书法，但毕竟是能力尚弱的年轻人。他的大姐普尔科莉亚尽管只比他大两岁，却是家族的真正领袖，对狄奥多西的影响相当大。414年安特米乌斯去世之后，普尔科莉亚受封奥古斯塔，开始管理东帝国。普尔科莉亚是一位杰出的女性。掌权之后，她发誓成为修女，以戴着皇冠的修女身份生活了36年。她担心自己成婚之后，她的丈夫会谋求自己弟弟的皇位，因此她恪守独身生活，也劝说妹妹们效仿自己。节俭、坚定而无私的她在东帝国的执政堪称成功，即使此前没有任何一位女子如此做过。

狄奥多西在成年之后拒绝终止姐姐的执政，而认为她是自己的共治者，有同等的权力。在姐姐的建议之下，他在421年成年后随即成婚，与哲学家利昂提乌斯之女——美丽而多才的阿特娜伊斯成婚。皇帝选择的这位新娘在多神教文化之中长大，不过在成婚之前改信基督教，受洗时改名为尤多西亚。她在写作宗教诗歌时展现的文才，受到后世评论者的称赞。苦修士般的普尔科莉亚或者忙于处理国事，或者进行虔敬的宗教祈祷，向来无法接受美丽活泼、多愁善感又热衷文学的新弟妹。如果狄奥多西没有那么随和与善良，他终归会把姐姐和妻子之中的一人送走，但长期以来他对水火不容的两人都报以善意。然而，在婚姻持续多年之后，争吵最终还是爆发了，其结果是皇后离开了皇宫，余生一直在耶路撒冷隐居。她被流放的确切原因我们不得而知，唯一的相关记述是个夸张的故事，其情节与《天方夜谭》之中的某个故事基本一致：

> 有一天，一个农民觐见皇帝，献上一个巨大的弗里几亚苹果，整个宫廷都惊奇不已。皇帝赐予这个农民 150 枚金币的回报，将苹果送给了皇后尤多西亚。然而她把苹果作为礼物送给了行政大臣保林努斯，因为他是皇帝的朋友。然而保林努斯并不清楚苹果的来历，就再一次把苹果献给了皇帝。狄奥多西认出了这个苹果，就将它藏好，并询问自己的妻子："我给你的苹果呢？"她回答道："我吃掉了。"而后他命令她发誓称是自己吃掉了苹果而不是转送他人。尤多西亚便发誓称是自己吃掉了苹果。但皇帝立刻拿出了苹果并大发雷霆，认定她和保林努斯有私情，苹果是作为定情之物送给他的，毕竟保林努斯相貌颇为英俊。皇帝为此下令处死了保林努斯，但他允许尤多西亚前往圣地隐修。她于是离开君士坦丁堡前往耶路撒冷，并在那里度过余生。

可以确知，保林努斯被处决，尤多西亚也在耶路撒冷隐居终老。但故事的真伪则不得而知，毕竟尤多西亚离开宫廷时已经 40 岁，而且当时保林努斯也不再年轻。

狄奥多西漫长的统治时期相对安稳。唯一值得一提的纷扰是和波斯人的短暂战争，以及和匈人国王阿提拉的一次略长一些的战争。当时，阿提拉控制了黑海与多瑙河以北的所有土地，即哥特人曾经居住的地区。与阿提拉作战时，罗马军队屡战屡败。匈人一路抵达阿德里安堡和菲利普波利斯周边地区，大加破坏，帝

象征胜利的天使（出自 5 世纪的双联饰板）

国被迫支付 700 磅[1]黄金的年贡来让他退兵。诚然，他们进攻之时，狄奥多西的主力正在与波斯作战，但帝国和他们作战之时屡战屡败也足以说明，狄奥多西一世建立的军事体系在 40 年前因盖纳斯的叛乱而瓦解之后，就再也没能成功重组。狄奥多西一世的孙子在保卫帝国边境时，既没有可依赖的日耳曼军队，也没有充足的本土征召军。

重组罗马军队的任务留给了狄奥多西二世的继任者。狄奥多西二世在 450 年因为坠马而伤重不治身亡，而他唯一的女儿已经与她的堂兄弟——西帝国皇帝瓦伦提尼安三世成婚。不过明智的狄奥多西二世已经选定了继承人，这个人并非他年轻的女婿，因为他性情残暴且挥霍无度。狄奥多西二世最终将大权交给姐姐普尔科莉亚，后者结束了修道生活，与久经沙场的显赫元老马尔西安努斯成婚。由于两人均已年老，因此这场婚姻仅仅存在于形式上。但它的政治意义却相当大——帝国得以延续和平与繁荣，并且终于不再屈辱地向匈人缴纳贡赋。452 年阿提拉逝世之前，他的攻势已经被马尔西安努斯派去支援西罗马帝国的部队遏制住了。

马尔西安努斯和普尔科莉亚逝世之后，三位能力出色的皇帝先后统治帝国。他们都出身于高级文官，而非武将；即位时也都正值壮年；此外继位方式也都不是武力夺取，而是或由老皇帝指定并和平继位，或经元老院与军队推举。三位君主分别是利奥一世（457—474 年在位）、芝诺（474—491 年在位）和阿纳斯塔修斯（491—518 年在位）。他们的主要成就就是在西帝国遭逢劫难最终覆亡时保证了东帝国的安全。在亚得里亚海的另一侧，各行

1　1 磅约合 0.45 千克。——编者注

省依次落入新建立的日耳曼人的王国之手，但在君士坦丁堡统治的皇帝却依然牢固掌控着巴尔干半岛和亚洲，金瓯无缺。5 世纪时，东帝国和西帝国同样遭受了蛮族的入侵。双方之所以命运不同，是因为统治者的品质有别，而非政治局势上的本质差异。西帝国在狄奥多西王朝绝嗣之后（455 年）继任的皇帝们都是朝不保夕的傀儡，由军队的掌权者——无一例外都是日耳曼人——肆意废立。17 年间，两个军务统领——斯瓦比亚人里西梅尔和勃艮第人冈多瓦尔德废黜或杀害了至少 5 位皇帝。而在东帝国，却是皇帝一次又一次粉碎将军的不轨图谋，无论是武装叛乱还是阴谋篡权。

在评价君士坦丁堡在 457—518 年统治的三位皇帝时，应当认识到，他们拥有一个相当有利的条件，那就是在东帝国的军队中日耳曼人向来无法像在西帝国那样登上军界高位，40 年前盖纳斯的失败让东帝国得以免于这一威胁。东帝国向来不欢迎骄纵不法的将军。利奥一世执政时期最大的威胁就是军务统领阿斯帕尔，利奥在他谋反之前发现了阴谋并将他处决。芝诺曾被叛军赶出首都，并且在他执政时期内小亚细亚两度爆发叛乱，然而每次他都战胜了敌人，处决了叛乱的领导者。阿纳斯塔修斯长期受一个名为维塔利安的地方首领的袭扰。此人从多瑙河对岸召集了大批蛮族，在色雷斯抢掠。尽管有这些叛乱，帝国却一直没有彻底陷入混乱或者遭遇瓦解的危机。西帝国最终灭亡，取而代之的是一系列异族王国，东帝国则安然无虞。阿纳斯塔修斯在 518 年逝世时给继承者留下了 15 万忠诚的军队、32 万磅黄金的国库储备，以及一直保持安稳的东西边境。

5 世纪这几位皇帝获得成功的最大秘诀在于他们重建了军队，

让大批本土士兵加入军队。利奥一世是第一位意识到伊苏里亚人的勇悍的君主，于是他征召了这些小亚细亚南部山区的居民，组织了数个东方野战军部队。而他的女婿和继承者——身为伊苏里亚人的芝诺，进一步推行了这一政策。芝诺从自己的同乡中征募了一支帝国卫队，并尽可能地扩充人数。他还从亚美尼亚人以及其他罗马帝国东方边境的居民中征召了一系列军团。而他为继任者阿纳斯塔修斯留下的军队里，本土军队的力量已经远胜日耳曼人和匈人各占一半的蛮族辅助军团了。

东帝国遭遇的最后一次来自日耳曼人的威胁发生在芝诺执政时期。东哥特人在 90 年前臣服于匈人，而他们的同族西哥特人在瓦伦斯执政时期逃进罗马人的领土。但匈人的帝国随着阿提拉的逝世而瓦解之后，东哥特人得以重获自由，并取代了他们之前的宗主，成为多瑙河流域的最大威胁。大批东哥特人向西南方向迁徙，定居于西帝国的边境省份潘诺尼亚，与东帝国的达契亚和默西亚地区相邻。东哥特人很快就和芝诺爆发了冲突，狄奥德米之子狄奥多里克与特里亚琉斯之子狄奥多里克，各自率部蹂躏巴尔干半岛 20 年之久。他们的部族大多在萨瓦河畔与多瑙河中游地区定居之后，两个狄奥多里克就不断劫掠整个马其顿和默西亚。芝诺意图挑唆两人开战，向两人授予军务统领的头衔，送去大量钱财，意图挑动双方相斗。然而此时阿拉里克和斯蒂利科的故事重演，论证了"同类不相食"的道理。两个狄奥多里克稍微争执一番之后就再度联合起来对抗芝诺。关于他们的和解还有一个传奇的故事：

暂时与罗马人结盟的狄奥德米之子狄奥多里克，把对手包围在巴尔干半岛一条狭窄道路的石山上。两军对垒时，特里亚琉斯之子狄奥多里克（通常被称为"独眼者"狄奥多里克）纵马冲向对手的军阵，并大喊道："你这个疯子，这个背叛自己民族的人，难道你看不出罗马人是想让哥特人自相残杀吗？我们无论谁失败，都是让他们变强，而不是我们。他们不会真正帮助你，只会让你我在荒野同归于尽。"随后，所有哥特人齐声高呼："独眼者说得对，他们和我们一样是哥特人。"

两个狄奥多里克随即讲和，芝诺则必须对付两人的联军了（479 年）。两年后，"独眼者"狄奥多里克意外身亡——他的坐骑受惊失控，让他撞上营帐门口突出的枪尖，然而他的同名者则依然威胁着帝国，直到他于 488 年去世。

也正是在 488 年，芝诺最终找到了摆脱东哥特人的办法。后者虽然不再定居于默西亚或马其顿，却依然持续地侵袭这一地区，造成当地人口流失。意大利的傀儡皇帝们统治下日益萎缩的西帝国，最终在 476 年灭亡了。日耳曼将军奥多亚克废除了"小奥古斯都"罗慕路斯，而且再未推举新的傀儡继承他。罗马元老院的使团奉他的命令前往君士坦丁堡，宣称他们不需要皇帝来统治意大利，但依然会承认芝诺是东帝国与西帝国的宗主。使团还提请芝诺任命奥多亚克为他在意大利统治的代理人以及罗马元老院的庇护人。芝诺给罗马人的建议是，劝说奥多亚克承认尤里乌斯·奈波斯——被里西梅尔废黜之后保住性命的前任西帝国皇帝——为自己的宗主。奥多亚克拒绝了这一建议。他自封意大利国王，并不顾芝诺的意愿，依然宣称君士坦丁堡的皇帝为宗主。

488 年，芝诺向狄奥多里克许诺，只要他赶走奥多亚克，就任他管理意大利。东哥特人此前早已将巴尔干内陆地区搜刮一空，近期和罗马军队的战斗又几番受挫，于是接纳了提议。狄奥多里克随即获封显贵头衔和执政官职务，率领全部东哥特人出发，夺取意大利。在和奥多亚克率领的佣兵大军一番血战之后，哥特人征服了意大利，而狄奥多里克这位日耳曼人的国王与罗马人的显贵就此开始在拉韦纳统治意大利。他一直维持着对君士坦丁堡的皇帝的效忠，以后者的副手自居。理论上，他征服意大利也意味着东帝国与西帝国的重新统一。然而他统治的所谓的西帝国，控制的地区仅剩意大利和伊利里库姆，芝诺对这里的权威也仅仅是一个名头罢了。

东哥特人的离去标志着巴尔干半岛上最后一个日耳曼民族的离开。在 488 年之后，斯拉夫人又来到此地，开始骚扰罗马人的边境。

第 6 章

查士丁尼

　　高寿的老皇帝阿纳斯塔修斯于 518 年逝世，享年 88 岁。帝国的权力落入他卫队的指挥官查士丁手中，元老院和军方一致推举此人继承那位仁慈的老皇帝。老皇帝尚有侄辈在世，但他从未确定他们为继承人，于是他们在老皇帝死后也离开了皇宫。和之前的三位皇帝一样，查士丁继位时年事已高，然而和利奥、芝诺和阿纳斯塔修斯不同，他以武官而非文官身份登上皇位。出身行伍的他是个粗鲁不文的军人，据说连自己的名字都签不好。他在位的 9 年间，帝国既没有战争也没有重大开支，本来在历史上都没有什么值得记载的。他之所以被历史所铭记，是因为他让东帝国在君士坦丁一世逝世之后最伟大的一位皇帝登上了皇位。

　　查士丁本人并没有儿子，因此把他的侄子查士丁尼——他已故的兄弟萨巴提乌斯的儿子——收为养子并立为继承人。这个年轻人出生时，他的父亲和叔父已经在军中身居高位。因此，查士丁尼没有和父辈一样不通文墨，而是作为富裕家族的继承人，涉猎了那个时代所有的学问。他起初便展现出了相当的机敏，也对帝国行政的每一个方面都有近乎狂热的兴趣。法律、财政、行政管理、神学、音乐、建筑学、军事工事，一切知识对他而言都极为重要。他唯一不甚感兴趣的事就是上战场。他的叔父把各种行政任务都交给他处理，并最终立他为共治皇帝。

查士丁尼成为帝国的皇储时年龄刚过 35 岁。在同时代人看来，他沉着稳重、条理清晰，而且极为务实。据称"没有人觉得他是个年轻人"，而且没有人能想到他会因为一次轰动的婚姻让帝国蒙羞。然而在 526 年，世人得知了一个正派人士为之惊恐、拨弄是非者为之欣喜的消息，那就是查士丁尼宣布自己要和戏剧舞台上的名伎塞奥多拉成婚。

有关塞奥多拉的故事实在太多，以至于很难说清她早年究竟多么放荡。《秘史》是政敌所写的一本诽谤查士丁尼夫妇的作品，[1] 书中记载了塞奥多拉早年的各种丑闻，其中的恶意显而易见，其可信性相当有限。不过，塞奥多拉是戏剧舞台上的演员，这确凿无误，而罗马时代女演员的道德名声向来不佳。事实上还有法律条文规定元老院成员不得和演员成婚，查士丁尼特意废除了这条法令，才让自己的婚姻合乎法律。担任过皇帝的人之中有许多邪恶鲁莽之人，他们尚且不敢冒天下之大不韪，做出查士丁尼所做的事。他的母亲竭尽所能，希望能让他回心转意；他的叔父皇帝查士丁甚至威胁要剥夺他的皇储身份。但查士丁尼坚定依然。年

---

1 尽管署名为普罗柯比，但一定是伪托之作。

皇后塞奥多拉和她的随从（拉韦纳，圣维塔莱教堂镶嵌画）

迈的查士丁在逝世之前被迫承认了侄子的婚姻，授予塞奥多拉"显贵"的头衔。

即使是政敌也必须承认塞奥多拉是那个时代最美的女人。同时代最出色的史学家普罗柯比声称"世人无法用文字或者图画来描绘她的美丽动人"。贬低她的人只能说她身材稍矮，以及尽管健康，皮肤却略显苍白。不幸的是，除了拉韦纳圣维塔莱教堂中那幅著名的镶嵌画，我们没有她的其他画像存世，而在各种艺术形式之中镶嵌画或许是最难表现人体美的一种。

无论她早年的生活究竟如何，塞奥多拉的精神与智慧都完全可堪为东帝国皇帝的伴侣。成婚之后，她的私生活没有传出任何丑闻。她还曾凭借自己的勇气挽救了丈夫的皇位，此外一直是查士丁尼最信任也最出色的智囊之一。严肃、好学而勤政的皇帝，从未因为选择娶她而后悔。

然而查士丁尼和塞奥多拉都算不上讨人喜欢。皇帝冷酷多疑，对那些忠实的臣属堪称寡恩。他在宗教问题上并不宽容，在政治决策时也无所顾忌——只要他下定决心，他就完全不在意多少臣民会因此被杀。仅考虑他的军事征服与华美建筑的话，查士丁尼的伟大在君士坦丁堡的历代皇帝之中已是无与伦比。但伟大仅仅维持在在位期间——他虽然让帝国的领土扩大了，资源却因此耗竭，无法与他即位之时相比。历史上的伟大君主中，最适合与他相比的就是法国国王路易十四，但比较他们的时候必须指出，路易并没有和查士丁尼一样完成伟大的法典——《法学总论》和《学说汇纂》；另外，与那位法国国王截然不同，查士丁尼保持着克制甚至堪称禁欲的私生活。史料提到，他整夜在房间中阅读国务报告，或者在黑暗的大厅中踱步沉思。他夙兴夜寐，让臣民惊异不已，以至于他在世之时就流传出了怪异的传言。他的政敌们声称他根本不是人类，而是不需要休息的恶魔。一个荒诞的故事还提到，有人在午夜时分看到无头的皇帝在回廊踱步。

如果说查士丁尼在政敌口中几乎称不上人类，那么塞奥多拉则被人认为完全放任自己的骄傲与野心。她从不宽恕冒犯自己的人，而是睚眦必报，直到冒犯者被处决或流放为止。人们指责她过度热衷宫廷的奢华与虚荣，不过又有几位出身贫寒而身居高位的人能免于这类指责呢？高级官员们抱怨称，在国事决策方面，她的意见对丈夫的影响力太大了。然而从整体来看，她的影响却称不上坏。史学家提到她慷慨救济他人，忠于自己的信仰，时常资助受压迫的人。应当提及，因为年轻时的经历，她热衷于设立官方机构以解救那些沦落风尘的女子。

年迈的查士丁在 527 年逝世，由查士丁尼独自掌控皇权，而后者也就此开始了 38 年的执政生涯。尽管在位时间不到半个世纪，但他的特质似乎贯穿了整个 6 世纪，而史学家也几乎遗忘了这一时代的其他皇帝，毕竟这些人都无法与他相提并论。

查士丁尼继承的帝国可以说处于君士坦丁大帝逝世之后最为繁荣的时期。东哥特人在 488 年离开巴尔干半岛之后，帝国就再没有遭遇外来的长期入侵或严重破坏。首次出现在帝国记载中的斯拉夫部族和保加利亚人，尽管已经开始渡过多瑙河侵扰帝国，但和哥特人不同，他们还没有显露出在帝国境内定居的意图。他们的侵袭尽管令帝国烦扰，却不算危险。帝国欧洲省份的境况比亚洲省份更差，远未从弗里提根、阿拉里克、阿提拉和狄奥多里克的破坏中恢复。但更幸运的亚洲领土已经几个世纪不曾遭遇外敌,[1]除了近邻波斯人,再无任何威胁,况且帝国近来与波斯人的冲突也不多了。小亚细亚南部,好战的伊苏里亚人曾经掀起一两次内乱,但内乱并未带来蛮族入侵那样的长期影响。整体而言,博斯普鲁斯海峡以西省份的资源都完好无损。

查士丁在安稳的执政时期之中几乎没有动用阿纳斯塔修斯留给他的巨额财富。查士丁尼继位时,府库之中有超过30万磅黄金。军队则如上一章所说,不仅训练有素,而且其中出身本国的兵员比例要高于帝国在阿德里安堡战败之后的任何一个时期。武装部队的规模应该是15万—20万人,但帝国广阔的边境让查士丁尼无法集结起一支超过3万人的部队,而通常担负进攻非洲或者防卫亚美尼亚边境之类重要任务的兵力可能只有1万。罗马军队的精锐不再是步兵,而是披甲的骑兵(全身甲骑兵),他们和旧日的帕提亚骑兵一样使用长枪与弓箭。步兵之中,弓箭手和标枪手的数量超过了重装步兵。伊苏里亚及小亚细亚山区的士兵被认为最为善战。步兵与骑兵部队中都有异族辅助军团,匈人[2]和阿拉伯人充当轻骑兵,多瑙河对岸的日耳曼部族赫卢利人和格皮德人则充当重装部队。

查士丁尼治下的帝国中最弱的一环就是财政体系。政治经济学的核心原则"让纳税人以受压迫最少的方式纳税"在当时还是闻所未闻的。肆意征收的关税以及频繁分授的专营权对贸易的发展产生了相当的损害。此外,帝国的多种税收都采用了通过中间

---

1 仅在395年发生过一次匈人入侵,侵略者一度突入巴勒斯坦。其他的侵袭都不曾抵达安条克。

2 从当时的记载来看,其战斗风格实际上更类似于欧洲的"重骑兵",以凶悍的冲击为主。——译者注

人收取税款的蛮横体系。无论小农还是大地主，只要拥有土地，就都要承担苛刻的税收以换取兵役豁免。由于要给君士坦丁堡居民提供免费面包，国家财政资金总是处于紧张状态。尽管有这些不利因素，查士丁尼依然拥有庞大而稳定的财政收入。他的财政主官卡帕多西亚的约翰天生善于渔利，让帝国的府库在战争与饥荒这些最艰难的时刻依然免于匮乏。然而这是在透支未来的发展。查士丁尼执政时期的掠夺性税收，导致地方长期贫困，他的继承者再也无法获取这样多的收入。在这方面，查士丁尼倒是与路易十四不分伯仲。

查士丁尼的政策分为对内和对外两部分。他身为立法者、执政者、神学家和建设者的作为，我们将在下文合适的地方进行讨论。而查士丁尼的对外政策则是他执政时期最重要的一部分。他决心完成自阿卡狄乌斯与霍诺留分治帝国之后无人敢于尝试的宏大计划。他梦想光复帝国的故土，收复西地中海地区，把建立在霍诺留的西帝国故地上的一系列日耳曼王国全部统一到他的治下。他仅仅作为名义上的"西帝国皇帝"而日耳曼领主们以他的代理人名义实际统治的情况将彻底终结。他致力于征服意大利、非洲、西班牙，甚至更多的旧帝国行省。下文将详细叙述他如何一步步实现自己的梦想。

不过在他执政的最初 5 年，他的注意力被分散到了其他方面。第一件事就是与波斯国王卡瓦德持续 4 年的艰苦战争。战争的根本原因是罗马和波斯之间对邻近黑海的北部边境小政权——拉兹卡和伊比利亚的宗主权争议，而直接原因是查士丁尼在美索不达米亚边境加筑堡垒。他在波斯边境城市尼斯比斯附近的达拉建造要塞，卡瓦德随即以此为借口，在 528 年，即查士丁尼即位一年后，对帝国宣战。

帝国与波斯的战争虽然激烈，却始终没有决出胜负。波斯人的进攻被全部击退，而 530 年在达拉进行的大规模决战也以帝国的胜利告终。但双方都没有夺取对方任何重要堡垒。在卡瓦德逝世之后，他的儿子霍斯劳和帝国签署了和约，恢复了旧日的边境线。这一战的唯一重要影响，是查士丁尼考验了他的军队，并意识到自己拥有一位不世出的将领——贝利撒留，达拉之战的指挥官。

这位名将来自色雷斯内陆[1]，年少之时投身行伍并平步青云，23 岁时已经成了达拉的指挥官，25 岁时更是升任东方军务统领。他在宫廷之中的影响力相当可观，因为他的妻子安东尼娜是皇后塞奥多拉的密友。马尔伯勒公爵因为妻子与安妮女王的关系而步步高升，贝利撒留的情况也颇为类似，而且他和马尔伯勒公爵一样，也被精明而不贞的妻子欺凌。和公爵夫人萨拉不同，安东尼娜没有冒犯过皇后，然而塞奥多拉逝世之后，她和她的丈夫还是双双失去了宠信，在艰难的岁月之中境况与马尔伯勒公爵夫妇相差无几。

波斯战争结束的那年（532 年），另一场重大危机爆发，这场危机一度威胁到皇帝的性命与权威。前文提到了拜占庭大赛车竞技场的赛车党派——"蓝党"和"绿党"。[2] 5 世纪，他们的势力不断增强，政治上的影响力也越来越明显，甚至开始参与宗教争

1　他的秘书官普罗柯比称他"出生在日耳曼尼亚，一个位于色雷斯与伊利里库姆之间的地区"。这个地区的准确位置不得而知，但应当居住着许多日耳曼人。

2　见第 2 章。

论。530 年前后，绿党成员坚定地支持先皇阿纳斯塔修斯的家族以及唯神性论。[1] 蓝党则支持查士丁的家族，并在宗教问题上遵从君士坦丁堡牧首的意见。他们已经从纯粹的赛车派系发展成了政治党派，但他们依然保留着许多竞技者的特质。他们粗野暴躁，时常制造暴乱和流血事件，而 532 年的事件更是证明他们对帝国是个威胁。

当年 1 月，首都爆发了严重的暴乱。查士丁尼原本得到蓝党的支持，却为保持公正而下令将蓝党与绿党的暴乱领导人全部处决。7 人被处死，其中 4 人还是在圣康农修道院前当着大批愤怒的暴民公开行刑。另外 3 人本应被绞死，但是刽子手的失误让两个死刑犯摔到了地上，未被绞死，他们正好是一个蓝党一个绿党。卫士将他们带走，延期处决，然而绳索再次滑脱——刽子手看来是被暴民的愤怒吓到了。人群随即冲开卫士，将两名死刑犯带到邻近的修道院中保护起来。

这一事件激起了为期 6 天的疯狂暴乱。蓝党和绿党集合起来，使用"尼卡"（意即"胜利"）作为口号。骚乱席卷全城，人们高喊着要处决不得人心的财政官员卡帕多西亚的约翰以及负责执行死刑的首都市政官尤德米乌斯。首都平日的安保力量根本无法抵御他们，查士丁尼甚至被迫示弱，向他们许诺将这两名官员解职。然而此时暴乱已经失控，民众拒绝解散，而之前老皇帝家族的支持者开始煽动民众废黜查士丁尼，想让阿纳斯塔修斯的侄辈希帕提乌斯登基。由于君士坦丁堡驻军前去与波斯作战，所以此时城中几乎没有部队了。皇帝只有 4000 人的皇帝卫队、少量日耳曼辅

1　认定耶稣基督只存在真正的神性，没有真正的人性。

助兵团士兵,以及刚刚从波斯战场返回的贝利撒留,再加上他带来的 500 名重甲骑兵。

贝利撒留奉命指挥全部部队,出发肃清街道。然而暴乱者坚持抵抗,展现了 125 年前对抗盖纳斯的士兵时的勇敢。主战场是位于皇宫与大赛车竞技场之间的奥古斯都广场。在暴乱中,暴乱者纵火焚烧了元老院的黄铜拱门。自元老院燃起的火势迅速向东方与北方蔓延,穿过了圣索菲亚大教堂的广场。暴乱进入第 3 天时,大教堂已经被焚为灰烬,而后火焰向圣伊琳妮教堂和桑普森救济院延烧。大火使战斗暂时平息,暴乱者此时已经控制了大部分城区。但他们没有找到他们希望拥护的领袖希帕提乌斯,因为后者不想以身犯险,于是躲到皇帝那里避难。不过查士丁尼最终决定与暴乱者妥协,交出希帕提乌斯。在暴乱的第 6 天,民众带着希帕提乌斯进入大赛车竞技场,让他坐上皇家包厢的皇座,拿他妻子的金项链当冠冕,立他为皇帝。

与此同时,皇宫中惊慌失措的幕僚则出现了分歧。卡帕多西亚的约翰等许多大臣竭力劝说皇帝从海路逃走,在赫拉克利亚集结部队,因为此时已经没有其他保卫皇宫的力量。逃亡派还认为,如果皇帝依然留在这里,就会被叛乱者包围,再无逃生的机会。就在此时,皇后塞奥多拉站了出来。她拒绝逃跑,请求丈夫向敌人发起最后的决战。普罗柯比记录了她的演讲:

> 现在不应该遵守女人不得参与会议的旧规矩了。危急存亡之时,最应该发言的只有理智的人。人终有一死,而以君主的身份死亡胜过废黜与流放。我希望永不脱下我的紫袍,永不放弃我的尊号!我的君主,如果您想苟且偷生,那就再

皇后塞奥多拉

简单不过——大海就在那里，您的船队就在那里。至于我，我坚信古人的话，"紫袍是最高贵的裹尸布"。

在妻子勇敢话语的鼓舞之下，查士丁尼下令对暴动者发动最后攻击，贝利撒留也率军出动。而两派暴动者聚集在大赛车竞技场上，向他们新加冕的君主高喊："希帕提乌斯皇家，您胜利了！"暴动者同样准备对皇宫发动最后攻击。贝利撒留率部从大赛车竞技场的三道门同时发起进攻，尽管未能突破皇帝包厢的那道门，但突入了两道侧门。在一番血腥的战斗之后，叛乱者彻底陷入溃败。他们被堵在只有 5 个出口的巨型建筑之中，无路可逃，只能被取得胜利的帝国军队——屠杀。据说有 35000 人死在为期 6 天的"尼卡暴动"之中。

奇怪的是，这样的大屠杀并没有剿灭城中的党派。接下来的 50 年之中，蓝党、绿党还是制造了多次暴乱，只是他们再未能像 532 年时那样几乎改变历史的进程。

第 7 章

光复故土

　　击退了意图征服美索不达米亚的波斯人，通过平息"尼卡暴动"震撼了君士坦丁堡的不法之徒之后，查士丁尼终于能够放开手脚，执行光复帝国失地的伟大计划了。

　　从他开始执政到开始实施计划的 6 年间，局势的变化对皇帝极为有利。他要首先进攻的两个日耳曼王国，在这 6 年间政权都落入了羸弱无能的君主手中。在非洲，汪达尔人的国王希尔德里克被他的堂兄弟盖里梅尔推翻，后者是个好战的野心家，然而能力有限。在意大利，东哥特的伟大君主狄奥多里克在 526 年逝世，继承王位的外孙阿塔拉里克也在 533 年早逝。阿塔拉里克死后，王国由他的母亲阿马拉松塔统治。她在哥特民众的要求之下被迫再次结婚，让丈夫代她统治，但她不明智地选择了狄奥达哈德。狄奥达哈德是与阿马拉松塔关系最密切的亲属，是个残忍、热衷阴谋而多疑的人，此人获取了意大利王位之后不到一年就谋杀了让他获得王位的妻子。[1] 狄奥达哈德怯懦贪婪又背信弃义的性格是他好战的部下最看不起的，因此在战争之中，他们既不会尊重他，也不会为他卖命。

非洲的汪达尔人和意大利的东哥特人此时都力量衰微，极易招致入侵。他们征服的土地过于庞大，但他们的人数有限，无法实际控制这些领土。征服北非和意大利的部族仅有五六万士兵，余下的都是他们的妻儿老小。聚集在一起时，这样规模的部队足以摧毁面前的一切，然而征服者分散开来之后，在数以百万计的行省居民之中他们的比例微不足道。在意大利，似乎只有三个城市——拉韦纳、维罗纳和帕维亚——有较多的东哥特人居住。哥特人和汪达尔人在战场上是一支大军，在战场之外却是小民族，人数远不足以控制辽阔的意大利和北非。他们身为上层贵族，人数稀少，仅仅靠着父祖留下的些许统治力量，掌控着那些不善战的臣民们。唯一可能延续东哥特王国和汪达尔王国统治的方法就是和当地的罗马居民融合，就像法兰克人在更有利的情况下与高卢人融合一样。征服了意大利的伟大国王狄奥多里克曾经做过这样的努力，他竭尽所能调和哥特人与罗马人的关系，公正无私地维持两者之间的平衡，并安排罗马人与哥特人共同统治国家。但仅靠一代人很难平息征服者与被征服者的旧日怨恨。狄奥多里克的继任者是一个孩子，而那个孩子的继任者则是个恶棍，因此可以说，狄奥多里克逝世后，他的计划也就随之告终。不过，即使

---

1 谋杀阿马拉松塔是罗马军队入侵北非之后的事，但狄奥达哈德在帝国与汪达尔王国开战之时已经即位了。

是狄奥多里克也无法解决他的同族和意大利人之间最根本的差异：哥特人是阿里乌斯派，他们是在 4 世纪阿里乌斯派传教士的指引下接纳的基督教；而他们的臣民则几乎毫无例外地坚持信仰正统天主教。宗教上的不和加上原有的种族仇怨，致使两个民族融合的希望非常渺茫。

此处应当提及导致北非和意大利的王国衰弱的另一个原因。定居后第三代的汪达尔人与第二代的哥特人，似乎在勇气和体能上都有所下降，也许是因为当地气候不适合多瑙河以北的民族，也许是因为罗马文明提供的无尽奢华让他们玩物丧志。当时一位哥特智者指出："哥特人富裕之后就会接受罗马人的习俗，而贫穷的罗马人反倒类似哥特人。"这个说法确有一定道理。这个变化对意大利王国的存续而言绝非吉兆。如果统治者日渐柔弱，臣民日渐刚强，旧日的秩序就无法维持。

北非的王国的情况比意大利的王国要恶劣许多。和臣民相比，汪达尔人的相对数量比哥特人更少，他们不但笃信异端，而且和哥特人不同，他们还迫害正统信仰者。此外，他们从没有一位狄奥多里克那样的伟大组织者和管理者，而只有一些维京海盗式的暴戾君主，除了战争，一无所知，一无所长。

查士丁尼与波斯和谈之后立即对盖里梅尔宣战。他的宣战理由并不是收复帝国在北非的领土——毕竟这样的理由会让意大利和西班牙的统治者与汪达尔人结盟。他的理由是盖里梅尔推翻了皇帝的忠实盟友希尔德里克。533 年 7 月，成功平息"尼卡暴动"之后成为皇帝亲信的贝利撒留，率领 1 万步兵和 5000 骑兵从博斯普鲁斯海峡出征。对于后世的史学研究者来说幸运的是，贝利撒留的秘书普罗柯比随他一同出征，这位出色的记述者充分记述了他的长官这次远征的情况。贝利撒留在汪达尔人领土最东端的的黎波里登陆，城中的罗马居民向他开城投降。他随后沿海岸线谨慎前进，一路上没有遭遇任何抵抗，因为无能的盖里梅尔根本没有做好迎战准备，正在匆忙召集四散于各地的部队。贝利撒留军队距离迦太基城外 10 英里时，汪达尔人才发起进攻。一场血战之后，贝利撒留取得了胜利，迦太基城于次日投降。当地居民因为这些统治者的溃败而欣喜不已，欢迎帝国军队进入，一路上没有发生任何暴乱或劫掠事件，迦太基完全不像一座被征服的城市。

盖里梅尔召集最后的残余部队再度发动进攻，意图扭转战局。他向迦太基进军，在前往布拉的途中，在特里卡马鲁姆和贝利撒留遭遇。战况再次未能如他所愿，他的部队崩溃了，他最后的抵抗据点也开城投降，汪达尔王国就此终结。自盖瑟里克于 429 年进入北非起，王国仅仅存续了 104 年。

盖里梅尔躲到阿特拉斯山的摩尔人部族中避难，然而不久之后，他向仁慈与英勇兼备的贝利撒留投降。他向迦太基城送信，声称自己决定投降。据说他索要的只有三样东西：一只竖琴，让他得以唱诵亲笔撰写的自己和汪达尔民族厄运的哀歌；一块海绵，让他擦拭眼泪；还有一块面包，让他不必继续食用摩尔人的糙劣食物。贝利撒留对盖里梅尔仁慈相待，带着他和迦太基宫廷中的财富前往君士坦丁堡，其中就有不少是 86 年前，即 453 年汪达尔人洗劫罗马时掳走的财宝。据说这些战利品里还有一些耶路撒冷神殿的金器，提图斯将其作为战利品带到罗马，而盖瑟里克又将它从罗马带到迦太基。

骑马斥候（拜占庭细密画）

贝利撒留在凯旋式上带着俘虏和战利品进入君士坦丁堡，查士丁尼大受鼓舞，下令立即向西部边境的另一个日耳曼人王国发动进攻。他在535年夏季对无能的狄奥达哈德宣战，理由是为阿马拉松塔王后复仇。王后成婚不到一年就被她无义的丈夫囚禁并杀死，如前文所述。

哥特人的国王，无论是良心不安还是畏惧，听闻宣战的消息之后极为惊恐。他甚至给君士坦丁堡的皇帝写信，只要皇帝可以保证他的人身与财产安全，他就愿意逊位。与此同时，这个无能又迷信的国王还询问了预言者、占卜师和巫师的意见。普罗柯比记载了一个怪异的故事：狄奥达哈德雇佣的一个犹太巫师选择了30头猪——应当是代表不洁者——并在它们身上写上字，10头身上写"哥特人"，10头身上写"意大利人"，10头身上写"帝国人"，而后连续10天不让猪吃食饮水，再带着国王来看猪的情况，以预言未来。狄奥达哈德发现写着"哥特人"的猪只有两头活着，写着"意大利人"的猪还有一半存活，而写着"帝国人"的猪尽管瘦弱，却全部存活。犹太巫师预言称，这表明这一战的结果将是哥特人灭亡，意大利人严重受损，而帝国军队将艰难地征服意大利。

在狄奥达哈德忙于占卜时，真正的战争在伊利里库姆前线爆发，对阵双方是哥特人和达尔马提亚的统治者。再向查士丁尼提议和谈已经没有意义了，意大利的国王必须竭尽所能来应对。

535 年夏季，贝利撒留在西西里岛登陆，部队的规模比远征北非时还要少——仅有 3000 罗马部队，全部是伊苏里亚人；此外还有 4500 名蛮族辅助军团。贝利撒留的第一战和与盖里梅尔作战时一样幸运，西西里的城镇纷纷向他开城投降，仅有驻扎在巴勒莫的哥特守军坚持抵抗，不过巴勒莫也在短暂的围攻之后陷落。6 个月之后，全岛都落入了贝利撒留的手中。

狄奥达哈德似乎根本无法自卫，他陷入了凄惨无助的境地。贝利撒留渡海进入意大利并夺取利基翁的消息传来后，他好战的臣民们忍无可忍，发动叛乱杀死了他。哥特军队选择正直勇敢、正当壮年的战士维提格斯继任国王，然而他也无力面对即将到来的风暴。

攻破利基翁之后，贝利撒留迅速向那不勒斯进军，一路上没有遭遇抵抗，因为哥特人在南意大利的部队过于分散，甚至无法在卢卡尼亚与卡拉布里亚的堡垒驻扎防守。帝国军队爬过一条不再使用的引水渠进入那不勒斯城中，发动突袭夺取了该城。取得了这个重大战果之后，尽管此时贝利撒留可动用的部队因为驻守主要据点的需要已经所剩无几，但他选择继续向罗马进军。新国王维提格斯没有试图阻挡他进军。他得知法兰克人正在威胁入侵北意大利，因此被迫北上阿尔卑斯山，为了面对一个假想敌而放弃了台伯河一线的防守。割让普罗旺斯给法兰克国王狄乌德里克之后，维提格斯得以免于和法兰克人开战，他便率部南下。然而此时罗马已经落入敌人手中。留守罗马的哥特将军勒乌达里斯和4000哥特军队得知贝利撒留抵达的消息之后惊恐不已，他们怯懦而愚蠢地弃城逃跑，没有进行任何抵抗。仅仅5000人竟然夺取了地中海世界的古都（536年12月）。

次年春季，维提格斯国王率领哥特人超过10万的主力部队南下围攻罗马，贝利撒留和他数量严重不足的部队则坚守罗马。这场战役是征服意大利的战斗中最值得记载的一幕。东哥特人围攻罗马一年有余，使用各种各样的手段以图进城。他们试图直接攻城，试图收买城中的内奸，试图像一年前贝利撒留在那不勒斯时那样利用废弃的引水渠入城。虽然攻城者人数是守城者的20倍，并且也展现了他们祖先百年前入侵帝国时的凶悍，但一切努力都归于徒劳。最惊险的是，537年3月21日，围城者从5处同时向城墙发起进攻。其中三股部队被轻易击退。然而在东南方向的普雷尼斯特门，一支攻城部队突入城中，在一番血战之后才退走。另一支部队从西北方向的哈德良墓突入城中，一场恶斗旋即开始。哈德良墓是用白色大理石建造的巨大建筑，长宽均为300英尺，高85英尺，陵中收藏了大量古罗马雕塑，包括角落里四尊巨大的皇帝骑马像。哥特人带着云梯蜂拥至陵墓之下，守城者用箭矢和标枪一时间无法击退他们。紧急时刻，帝国军队拆毁了陵墓上的装饰，把大量大理石块投向攻城者。被当代艺术馆奉为珍品的两件著名的古雕像——收藏在佛罗伦萨的"舞动的法翁"和收藏在慕尼黑的"巴尔贝里尼的法翁"，都是千年之后从哈德良墓外的壕沟中出土的，应该就是此时被守军当成了投掷物。不过当时的粗暴行为却让它们最终得以保存到当代，供后人瞻仰。

　　围城一年零九天之后，不走运的维提格斯被迫放弃。他的部队因为战斗与缺粮损失甚大，不可能成功破城，而他也在此时获悉帝国派出支援部队正向哥特人的首都拉韦纳进军。贝利撒留确实得到了一支六七千人的援军。于是他明智地派出一支人数不少的部队，在将领约翰的指挥下沿亚得里亚海岸进军。

　　战场就此向北方推移，然而战争走势与之前相差无几。罗马人占据领土，哥特人丢失领土，贝利撒留控制了安科纳、里米尼和奥西莫，而后率部向拉韦纳进军，并在 540 年开始攻城。维提格斯被贝利撒留封锁在了自己的首都中，并且缺乏贝利撒留 3 年前在罗马防御战中体现的高超能力。雪上加霜的是，法兰克人已经进入意大利北部，威胁哥特人最后的控制地区——波河流域。维提格斯随即提出投降条件。尽管身为君主的查士丁尼愿意让维提格斯以附庸国王的身份统治波河以北的意大利，但贝利撒留拒绝和谈，要求他无条件投降。缺粮的拉韦纳守军最终打开了城门。对无能的国王不满的哥特人，出于对贝利撒留的勇气与慷慨的仰慕，提出奉这位征服者为西帝国皇帝。忠诚的将军拒绝了他们的请求，允许哥特人返回家乡，作为帝国的忠实臣民过和平的生活（540 年 5 月）。他本人带着狄奥多里克宫殿中的大批财宝，带着被俘虏的维提格斯，起航返回君士坦丁堡，将战利品献给自己的君主。

　　意大利此时的情况和北非几乎相同，只有帕维亚和维罗纳依然在哥特驻军的掌控之下。而贝利撒留起航返回首都时，他相信自己的任务已经近于完成，他的副手足以歼灭最后的抵抗者。贝利撒留本人被调往东方，因为波斯国王、卡瓦德之子霍斯劳已经快要突破帝国的防线。但意大利的战争并没有就此终结。哥特人在最后时刻找到了拯救他们的国王和英雄，将帝国征服意大利的时间延后了 12 年。两个哥特首领在帕维亚的短暂统治几个月后血腥地终结了，但他们的继承者巴杜伊拉[1]是 6 世纪最高贵的人——"中世纪的第一位骑士"，后世如此称呼他。查士丁尼的将军们出征，想要夺取维罗纳和帕维亚从而终结这场战争之时，哥特人在巴杜伊拉的率领下赢得了自敌人在意大利登陆之后的第一场胜利。随后，巴杜伊拉又两次取胜。维提格斯的残部在新国王的旌旗下集结，而意大利中部和南部的城市纷纷落入哥特人手中，就像当年它们迅速投向贝利撒留一样。事实上，战争使意大利人深受其害，而帝国委派的官员，特别是他们下属的税官的横征暴敛更是让意大利人无法承受。意大利人此前欢迎查士丁尼军队的热情荡然无存，转而开始怀念狄奥多里克的黄金时代。意大利绝大多数城市重新落入巴杜伊拉的手中，帝国军队仅仅控制着罗马、那不勒斯、奥特朗托和拉韦纳。他们很快就失去了那不勒斯（543年）。巴杜伊拉将其包围，城中守军不久之后就投降了。他对城中居民宽容相待，而这是罗马帝国在贝利撒留之外的任何一位将军都不曾展现过的。他赢得这次值得纪念的胜利之后不久，向麾下将军发表演讲，展现了自己的人格魅力。一个哥特战士奸污了一个罗马人的女儿，巴杜伊拉下令将此人处决。他的军官们纷纷前来为士兵求情，他的回应则是反问他们，他们是想救一个人的性命，还是想救哥特民族的命。战争之初，哥特人拥有勇敢的士兵，著名的将领，无尽的财宝、马匹、武器，以及整个意大利的

1　巴杜伊拉是这位国王的真名，硬币上也如此称呼他。不过帝国方面的记述者往往称他为"托提拉"——这或许是他的绰号。

堡垒。然而在狄奥达哈德——一个爱黄金胜过爱正义的君主统治
之下，他们因为自己的放纵而激怒了上帝，因而招致了这 10 年的
灾难。现在上帝似乎已经停止惩罚他们，让他们开始一个新的时
代，哥特人必须按照上帝的要求行事，而正义是他们唯一能走的
道路。说到眼下这个曾是战争英雄的罪犯，他告诉他们，不义之
人和掠夺者绝不会勇敢作战，那个人只不过是在战场上走运而已。

巴杜伊拉这样主持公道，似乎他的梦想也将会实现。不久之
后他抵达罗马城，打算靠 1.5 万名士兵完成维提格斯用 10 万人都
不曾完成的功业。查士丁尼担心自己失去已经征服的意大利领土，
被迫把贝利撒留调回意大利，因为除他之外没有人能抵御哥特人。
然而贝利撒留率领的部队相当少，因为他已经失去了皇帝的宠信，
而帝国的文官们给他的部队和钱财都极其有限。无法解救罗马的
他只能在台伯河河口处的波图斯等待，寻找入城的机会。但他没
能等到机会。饥饿的罗马人对贪婪的守军指挥官贝萨斯愤恨不
已，他们开始期待敌人获胜。某一天夜里，叛变者打开了阿森纳
里亚门，让巴杜伊拉和哥特人入城。国王相信他的阻碍已经扫清，
于是把各部首领召集起来，向他们指出，在维提格斯执政时期，
7000 希腊人征服了 10 万装备精良的哥特人，抢走了他们的王国
与自由；但现在他们人数稀少、贫穷而凄惨，却击败了 2 万敌人，
为什么？因为此前他们忽视了正义，对同族和罗马人犯下了各种
罪过。因此他们未来必须心怀正义，接受上帝的指引，因为偏离
正道就是与上帝为敌。

巴杜伊拉决心实施自汉尼拔之后再无人构想过的行动——夷
平罗马，摧毁这座古城与全部帝国传统。在他看来，这些不过是
腐化哥特人的陷阱。他让城中人安全地撤离——由于围攻期间的

恐怖饥荒，城中只剩几千人了。他拆毁了城墙，夷平了宫殿和军械库。几周之后，罗马就成了一片废墟，成为狼和猫头鹰栖息的地方（550年）。

在动荡的11年间，勇敢而公正的巴杜伊拉统治着意大利，与贝利撒留对抗，直到这位将军因为卑鄙的宫廷阴谋被召回。但查士丁尼此时集结起另一支军队，其规模比贝利撒留曾经率领的任何一支部队都要庞大，军队的指挥官是宦官纳尔西斯。让内廷大总管担任将军的做法虽然奇怪，但取得了成功。纳尔西斯绕过亚得里亚海北端，从北方进入意大利。巴杜伊拉出兵迎战，在亚平宁山脉的塔吉纳与纳尔西斯遭遇。整整一天，东哥特骑士们对帝国军队的阵列发动了一次又一次的冲击，但他们的凶猛冲击全部失败。傍晚，他们掉头后撤，而他们的国王在撤退时受了致命伤（553年）。

巴杜伊拉死后，哥特人就无路可走了，毕竟连这位英雄的英勇与正直都不足以让他们免于遭受与汪达尔人相同的厄运。溃败的部队在哥特首领泰亚的率领下陈兵坎帕尼亚，进行最后的抵抗，但泰亚在努凯里亚的战斗中阵亡，哥特人也最终投降。他们向纳尔西斯宣称，上帝遗弃了他们，他们会离开意大利，回到北方，回到他们父祖的土地居住。曾经的征服者东哥特人，只剩下悲凉的残兵败将。他们渡过波河，翻越阿尔卑斯山，消失在北方。查士丁尼的宏大计划就此得以实现。意大利落入他的手中，但此时意大利已经被破坏殆尽，人口所剩无几，古罗马统治的痕迹几乎荡然无存。当时的编年史家写道："这片土地已经沦落到了原始状态。"战争和饥荒已经耗干了这片土地。

令人惊奇的是，和哥特人的这场血战并没有让皇帝厌烦。这

圣索菲亚大教堂近景

场战争结束之后，他便开始了新一轮向西征服。当时的西班牙爆
发了内战，而北非的管理者利博琉斯借机在安达卢西亚登陆，并
迅速控制了半岛南部的主要城市——科尔多瓦、卡塔赫纳、马拉
加和加的斯。西哥特人暂停了内战，在国王阿坦吉尔德的领导之
下团结起来，阻止了帝国军队的北上势头。然而他们没能完全收
复丢失的大片领土。此后直到 623 年，查士丁尼和他的继承者们
都控制着西班牙南部的大部分沿海地带。

第 8 章
查士丁尼时代结束

　　贝利撒留在 540 年就得胜进入拉韦纳，但到 553 年才最终征服意大利。查士丁尼的将军们在哥特战争中的迟滞，主要的原因是攻破拉韦纳之后帝国便和东方的强敌重起战端。波斯的霍斯劳因查士丁尼在北非和意大利的胜利而警惕起来，意识到自己也和汪达尔人、哥特人一样，占领了此前罗马帝国的领土，而皇帝此后也有可能向他索取。他决定在查士丁尼得以摆脱意大利战争的纷扰之前，趁罗马主力军在西方时先发制人。540 年春，他以两个阿拉伯部落的细微争执为借口向帝国宣战。正如波斯国王所料，查士丁尼没有做好准备，幼发拉底河畔的帝国部队羸弱至极，不敢在战场上迎战波斯人。战争的开始阶段近乎灾难，可以与 160年前的阿德里安堡之战相比。霍斯劳避开美索不达米亚的堡垒，亲率大军进入北叙利亚，他的主要目标就是突袭东方的大都市安条克，那里已经近三个世纪不曾遭受攻击，而且也因为远离边境而被视作安全区域。安条克配置了 6000 驻军，城中的蓝党和绿党也纷纷拿起武器支援正规军。然而守军指挥官毫无才干，而且城防年久失修。在猛烈的突袭之后，霍斯劳攻破了这座城市，驻军夺路而逃，许多居民随之逃离。城市遭受了彻底的洗劫，数以千计的居民被波斯人掳走。霍斯劳把他们安排到幼发拉底河畔——就像尼布甲尼撒曾经对犹太人做的那样——并建立了一座城市，把他自己的名字和他们原本居所的名字混合到一起，命名为"霍斯劳安条克"。

罗马帝国在东方的第二大城市陷落的消息让查士丁尼警觉起来。他无视了意大利，将所有可以调动的部队送到幼发拉底河前线，派贝利撒留担任最高指挥官。随后，霍斯劳便再未取得任何可与他第一次远征相当的大胜。转向进攻战线北方的罗马堡垒科尔基斯时，霍斯劳得知贝利撒留入侵亚述地区并开始围攻尼斯比斯，遂撤军回援。帝国军队在波斯国王的援军到达之前撤退了，波斯人整个夏季的准备也无果而终，双方在 541 年没有进行大型战役。次年春季，双方进行了颇为类似的行动：贝利撒留成功防卫了幼发拉底河一线，入侵者在攻克了美索不达米亚的一座堡垒之后就撤退了。战斗又持续了两年，霍斯劳劳师远征却无法取得像最初攻破安条克那样的大胜，因此失去了耐心，再加上在埃德萨城下惨败（545 年）的屈辱，于是被迫提出和谈。他放弃了所征服的领土——毕竟价值不高——但自以为取得了胜利，因为查士丁尼许诺每年支付 2000 磅金子，以确保和约签订。和约之中添加了一个特殊的条款：尽管其他地区的敌对行动已经结束，但两位君主在黑海沿岸的科尔基斯边境地区，即拉兹卡王国的主权问题上，却暂且搁置争议。随后的 7 年多时间里，这个小地区战事接连不断，不过波斯和罗马边境的其他地区都保持着和平。直到556 年，在双方都耗费了太多人力物力而又都一无所获之后，霍斯劳才放弃了狭小崎岖的山地王国拉兹卡，将其让给查士丁尼，借以将岁贡增加 1/6。

尽管查士丁尼在第二次波斯战争之中称不上失败，但帝国却在其中损失甚大，到 556 年已经开始陷入混乱与衰退。这一定程度上是因为皇帝为了发动劳民伤财的远征，对各省份施加前所未有的重税，同时必须要在波斯和意大利继续作战。

然而帝国陷入困境的主要原因却不是人为的。542 年，帝国暴发了 300 年不曾有过的恐怖瘟疫——上一次暴发类似的瘟疫还是在 3 世纪特里波尼安努斯·卡卢斯在位时。这次瘟疫堪称帝国历史的分水岭，一如"黑死病"对英格兰历史的影响一样。普罗柯比记述的瘟疫发展与结果让我们可以确定，瘟疫对帝国的损害高于 6 世纪后半叶的其他所有事件。瘟疫蔓延到君士坦丁堡之后，据说一天就有 5000 人病死。君士坦丁堡城中的市集空空如也，所有职业都停止工作，只有运尸人是例外。许多的房屋之中已经彻底没有了生命的气息，政府必须采取特别手段来掩埋无人收殓的死者。编年史家写道："这种疾病并不是只感染某一个民族或某一类人，也不是只限于一个地区，或者一年之中的某一个时期。无论冬夏，无论南北，无论希腊人还是阿拉伯人，无论是否洗浴清洁过，都无法阻挡瘟疫传播。无论爬上山顶，还是躲进深谷，瘟疫都如影随形。"这位编年史家发现的唯一特点是："或者是巧合，或者是神意，瘟疫之中，恶人都免于受害。"[1]

1　Bury, *Later Roman Empire*, i. 402.

查士丁尼本人也感染了瘟疫，尽管他最终恢复了健康，但精力大不如前。他在人生的最后岁月依然坚定要光复帝国的故土，但他衰退的精力在很大程度上影响了他的组织能力，而这是他最出色的特质。编年史家抱怨称，他不像之前那样充满希望，也没有那么专断了。"他在精力充沛的时代获得了如此多的成就之后，在人生的最后阶段似乎劳累不堪，宁愿挑唆敌人内斗，或者用礼物讨好他们，也不愿动用军队冒险开战了。他任凭自己的部队减员，因为他不再准备征调他们。负责征税和维持军队的官员们也受到了冷落。"[1]

皇帝在晚年的一个特点，是他越来越在意神学争论，甚至为此忽视政务。当时教会的争议与一性论派有关，这个异端派系否认基督同时存在神性与人性。查士丁尼并不是一性论者，但他希望通过妥协让步，让这个教派和正统派系融合。他禁止讨论这个问题，并竭尽所能逼迫正统派和异端派领袖人物和解，然而这只能取得暂时的成功。他主要的反对者是罗马教廷，于是他迫使教宗维吉利来到君士坦丁堡，把教宗软禁了好几个月，直到他签署所有必需的文件为止（554 年）。这一做法的唯一后果就是让维吉利有了异端的名声，加剧了东方教会与西方教会之间的不和。

查士丁尼晚年的阴郁在他妻子离去之后进一步加深。塞奥多拉在大瘟疫 6 年之后的 548 年逝世，而她的离去给查士丁尼带来的影响，或许比健康问题带来的问题更严重。塞奥多拉拥有大胆冒险的精神，无疑支持查士丁尼走过了执政前期的许多艰难时刻。在她离去之后，查士丁尼仿佛不再相信任何人，他指定的继承人——外甥查士丁被迫远离大权，其他大臣也无法得到他的信任。

1　源自阿加西亚斯。

即使是贝利撒留，这位帝国首屈一指又忠心耿耿的军人，也不再受他信任了。第二次哥特战争中，皇帝给他的部队极少，还利用其他将领分化他的权力。最终贝利撒留在549年被召回，解除了军职。直到558年的一次军事危机之时，他才被短暂起用。

下面这场军事危机是查士丁尼晚年混乱执政的明显例证。来自南俄草原的游牧部族科特里古尔人，在冬季越过结冰的多瑙河，出乎帝国意料地出现在色雷斯地区。帝国此时拥有15万作战部队，然而他们分散在各地，比如意大利、北非、西班牙、科尔基斯、底比斯和美索不达米亚。帝国内部的防卫极为空虚，以致蛮族能够毫无阻碍地在多瑙河与马尔马拉海之间烧杀抢掠。一支仅有7000人的蛮族部队出现在都城几英里之外，给君士坦丁堡造成了严重恐慌，居民甚至开始把府库的钱财和教堂中的贵重物品运往亚洲。查士丁尼在这时才起用贝利撒留，而贝利撒留能指挥的人只有300名来自意大利的老兵和一支"近卫队"。后者是一支3500人的民兵部队，负责守卫城门，他们本不应被寄予厚望，因为他们都有其他的职业，只有偶尔需要轮岗时才作为士兵上阵。靠着这批不曾经历阵仗的涣散部队，贝利撒留成功击败了这些蛮族。他率领军队抵达一个预先挑选过的地点，那里易守难攻，唯一可能被攻击到的地方受两侧的森林和山脊保护。不太可靠的"近卫队"被布置到侧翼相对安稳的区域，而那300名意大利老兵则控制着要地。科特里古尔人发起了进攻，却在两翼森林遭受投射武器袭击，并且在正面的对决中被击败，最后抛下400具尸体撤退了。罗马人仅有几人受伤，无人阵亡。这是贝利撒留最后一次指挥作战，他让帝国首都的近郊免于袭扰。他在盛年守卫旧罗马，在晚年又挽救了新罗马。

但他最后的用兵也依然没能打消查士丁尼对麾下最出色的将军的疑心。4 年之后，一个意图谋害皇帝的阴谋被揭发出来，而贝利撒留据称是主要参与者之一。老皇帝相信了这些指控，查抄了将军的财产，并将他囚禁调查了 8 个月。贝利撒留此后被无罪释放，重获恩宠。他在两年之后的 565 年 3 月逝世，而他以显赫战功回报的寡恩君主在 9 个月之后也随之去世。[1]

关于查士丁尼征服者和统治者的身份，我们已经论述了很多。但关于他的人生，还有两个重要方面值得注意：大兴土木与编纂法典。我们所说的"拜占庭式建筑风格"自戴克里先时代就逐渐从古典时代的风格之中脱胎成形，许多 4—5 世纪的皇帝也都热衷于兴建工程，但没有哪位皇帝进行过堪比查士丁尼在位时期的建造工作。查士丁尼拥有阿纳斯塔修斯留下的充盈国库，他的品位也和帝国早年的建造者——奥古斯都、尼禄与哈德良难分伯仲。在帝国各地，教堂、法院、修道院、堡垒、救济院和柱廊，这些展现他财富与品位的纪念建筑纷纷建成。历史学家普罗柯比完成了一部篇幅宏大的作品，书中所有内容都是讨论查士丁尼时代的建筑，而其中部分建筑得以完好或以遗址的方式留存至今，后人也得以见证这些杰作。即使在帝国内较为偏远的地区，精美的建筑中大约有 2/3 建造于查士丁尼时代。不只是君士坦丁堡和耶路撒冷这样的中心大都市，卡帕多西亚和伊苏里亚的偏僻小路也可能通向他的建筑成果。即使在新征服的拉韦纳，他也建造了圣维塔莱教堂，教堂中就有他本人和他妻子的著名镶嵌画。另外还有

---

1 传说故事之中，这位良将在穷困潦倒之中向人们乞讨，说着"给贝利撒留一枚银币吧"，最后在街头死去。这个说法并非事实，这或许会令读者略感宽慰。当然，皇帝的多疑寡恩则确凿无误。

克拉赛港郊区的圣阿波利纳雷教堂，5 世纪的皇帝和哥特国王狄奥多里克的建筑远不能与之比肩。

　　查士丁尼建造的各种教堂，可以说是他兴建的建筑中最为著名的。在东方教堂建筑风格方面，他的执政时期堪称分水岭：此前基督教的建筑因袭了古罗马的两种模式，第一种是圆穹顶教堂，其原型是著名的维斯太神庙，而罗马式的圣墓教堂是其代表。第二类则是尖顶的方形教堂，就是把古罗马的"巴西利卡"式会堂建筑用作教堂建筑，罗马城外圣保罗大教堂就是其代表。查士丁尼则首次将十字形的地基和巨型穹顶结合起来，其典例就是著名的圣索菲亚大教堂。这座君士坦丁堡的大教堂此前已经两度遭到焚毁，前文我们有所提及，一次是"金口"约翰被流放时，另一次是 532 年的"尼卡暴动"时。圣索菲亚大教堂被毁 40 天后，查士丁尼便下令准备重建，以纪念自己成功解决内乱。他选择了特拉勒斯的安特米乌斯主持设计，后者是拜占庭最伟大的建筑师，也是建筑师中有姓名存世的少数几人之一。第三次建造的教堂与此前的两座都很不一样，展现了前文所述的新风格。它的地基是希腊式的十字形，有 241 英尺长，224 英尺宽；中央是巨大的穹顶，上面有至少 40 扇窗，开在距离地面 180 英尺的地方，透光通风。壮观的绿色大理石柱廊将中央区域和后殿分开。这些大理石大多并非采于查士丁尼时代，而是从亚洲的多神教神庙中取来，这些神庙成了基督徒建筑师用之不竭的采石场。在教堂内部，无论屋宇还是穹顶，都布满了镶金的镶嵌画。后来奥斯曼土耳其人用白灰将它们全部涂抹，只因为伊斯兰教信仰不允许出现人像。普罗柯比热情地描述了这座教堂，而他的赞扬绝非过誉：

圣索菲亚大教堂柱顶

这是壮美至极的盛景，目睹者无不惊叹，耳闻者甚至不肯相信。教堂的顶端高耸入云，超过了周围所有的建筑，仿佛一艘巨舰停泊在此。顶端是首都的最高点，从那里可以俯瞰整个君士坦丁堡，仿佛置身哨塔一般。其宽度和长度都选择得如此精巧，以至于宽度和长度的比例全无不协调之处。其规模与和谐程度都堪称绝伦，而有限的几座规模可与之相当的建筑又无法在精美上与其相提并论。教堂中阳光灿烂，仿佛教堂内部在放出光芒，仿佛光芒并非自外界照入一般，光照就是这么充足。镀金的屋宇让内部愈发闪亮，处在金色光芒之中的大理石柱更加华美。这教堂装饰的石柱和大理石是何等壮丽，谁又能用语言描述清楚呢？人们仿佛来到花朵盛开的草原，浅紫色、绿色、红色与白色，闪闪放光，熠熠生辉；而大自然如同画家一般，使用对比最强烈的颜色。此外，我们也无法准确描述皇帝给教堂提供的金银器与宝石的价值——仅仅装饰圣堂就耗费了4000磅白银。

查士丁尼在修建堡垒方面的成就几乎与教堂相当，但他的军事建筑绝大多数已经不复存在。普罗柯比列举了伊利里库姆边境地区新修的294座堡垒，它们从多瑙河沿岸延续到色萨利的群山，形成了4条绵延的防线，查士丁尼在巩固边境方面的努力可见一斑。部分建筑只是孤立的塔楼，但还有许多精巧又完备的堡垒，而且所有堡垒都配置了驻军。

查士丁尼在建筑方面的成就就说到这里。即使列举他的一成成就也会占用太多篇幅。他在司法方面的最大成就我们要用更短的篇幅讨论。查士丁尼继承自前人的罗马法律包括数量众多的判

圣索菲亚大教堂的回廊

例与判决。除了基本法则，还有此前 5 个世纪的皇帝们颁布的各项法令，其中有的甚至互相矛盾。他之前的皇帝，特别是狄奥多西二世，试图编纂法典，使法律更有条理性，但尚没有任何人试过编纂一部将所有的法律条文都按当前的要求进行修正的法典。编纂这样一部法典是一项难度极大的工作，意味着要把罗马的法律，从古老的十二铜表法到查士丁尼时代的法律，和自君士坦丁一世时代开始占主导地位的基督教精神进行严密的逻辑联系。由于基督教引入之后产生了道德观念变化，许多旧法律条文已经彻底过时，但依然有众多帝国早期的条文沿用到 6 世纪。查士丁尼组织了一个委员会来编纂新法典，其领导者是特里波尼安，一位聪颖但不受欢迎的法官。这部影响深远的法典最终得以编纂完成，而《法学总论》和《学说汇纂》也成了对古罗马法律的最后一次修订。600 年后，当中世纪的文明终于走出混乱的黑暗时代，需要在习惯法之外制定更明确的法律时，它们也成了欧洲系统性法律研究的开端。如果罗马帝国在查士丁尼之后的时代兴盛，后世重编法律时自然会创造出让《法学总论》过时的新成果。然而事实上，查士丁尼之后的衰退与混乱，让继承者们没有必要也没有精力去进行整体的法律重编。查士丁尼就这样成为最后一位对罗马法律进行重大修正的人，也被后世视作最伟大的立法者，但丁在《神曲·天堂篇》之中为他安排了熠熠生辉的宝座，文艺复兴时代所有的法学家也视他为法律之父。

第 9 章

斯拉夫人到来

查士丁尼逝世之后的 30 年，查士丁二世（565—578 年在位）、提比略·君士坦提乌斯（578—582 年在位）和莫里斯（582—602 年在位）相继统治帝国。这三位皇帝与查士丁尼之前的几位皇帝类似，都是壮年的官员，由执政皇帝选择作为自己的继承人。查士丁二世是查士丁尼最信任的外甥，常年担任他的宫廷总管。提比略·君士坦提乌斯在查士丁二世的宫廷中担任巡夜卫队的卫队长。莫里斯则在提比略执政时担任契约军团的卫队长，也就是辅助军团的最高指挥官。他们都有一定的能力，也为帝国竭尽所能。史学家一致认定查士丁二世公平正直，提比略慷慨仁慈，而莫里斯虔诚敬神。然而帝国在他们的管理之下却江河日下。查士丁尼统治时期耗竭了帝国的国力，而造成的后续影响在其继任者们的统治时期愈发明显。到莫里斯统治结束时，混乱与灾难的时代随他的继任者登基而开始。[1]

灾难的内因除了 544 年大瘟疫造成的破坏之外，更大的问题在于查士丁尼的财政体系已经崩溃。外部的表现则是北方新部族的侵袭，以及对阵波斯时漫长的消耗战。皇帝们的美德似乎并未让情况好转：查士丁二世的正直让人们畏惧，而非爱戴；提比略的慷慨让他得到了支持，却耗空了国库；莫里斯的节俭与勤勉让国库重新得以充盈，但也因此得了贪婪的恶名。

6 世纪最后的 30 年中，边境的困扰源自三股敌对势力的分别侵袭，即意大利的伦巴第人、巴尔干半岛的斯拉夫人和阿瓦尔人，以及东方的波斯人。

从 553 年驱逐东哥特人算起，帝国此时控制意大利不过 15 年。而新敌人此刻正沿着西哥特人阿拉里克与东哥特人狄奥多里克走过的道路，从北方前来。这些新来者是伦巴第人，此前他们居住在匈牙利的多瑙河中游地区，和罗马帝国时敌时友。但他们好战而野心勃勃的国王阿尔博因在征服了周边各部族之后，开始觊觎意大利的富饶平原，而且他发现皇帝在彻底赶走东哥特人之后留在这里的驻军严重不足。568 年，阿尔博因和他的同族带着妻儿老小和牲畜，翻越阿尔卑斯山，把他们在多瑙河沿岸的故地留给了阿瓦尔人。伦巴第人毫无困难地控制了北意大利的平原，抵达波河一线。这一地区，如前文所述，因为大瘟疫和东哥特战争的共同打击，已经几乎没有居民了。这个曾经土地肥沃、人口众多的地区如今已经荒弃。大批伦巴第人便在这一地区定居下来，他

1　由于查士丁二世在即位后出现了精神失常的情况，而且病情愈发严重，提比略在 574 年 12 月被提升为恺撒，被指定为皇储，并实际上承担了主要的执政任务。——译者注

们的名字也永远留在了这个如今称为伦巴第平原的地区。只有一座城市——坚固的帕维亚坚守了相当长的时间，但它英勇地抵抗了三年之后，于 571 年陷落。阿尔博因将帕维亚定为首都，而没有选择该地区传统意义上的中心，如更著名的米兰和维罗纳。控制了伦巴第平原之后，国王继续推进，进入伊特鲁里亚，占据了阿尔诺河流域。但据说他在作战期间因为妻子罗莎蒙德王后的报复而被杀。王后是格皮德人的国王库尼蒙德的女儿，阿尔博因在战斗中杀死了她的父亲，并把库尼蒙德的头盖骨镶金做成酒碗。多年之后，在一次纵酒狂欢时，阿尔博因下令把这个恐怖的酒碗倒满酒，让他的妻子端着酒碗给他的战士们喝。王后遵从了他的命令，但发誓要复仇，要杀死她的丈夫。她贿赂阿尔博因的贴身侍从，趁他熟睡时将他杀死，而后她和那个侍从逃到君士坦丁堡避难（573 年）。

　　然而阿尔博因的死并没有终结伦巴第人在意大利的征服之路。王国确实一时瓦解成了几个独立国家，但伦巴第人的首领们继续侵占帝国的领土。两个伦巴第领主分别建立了位于意大利中部和南部的斯波莱托公国和贝内文托公国。这两个政权保持着独立，但余下的伦巴第领主在 584 年被新国王奥塔里斯重新统一到一起，他的继承人完成了对北意大利的征服。

　　就这样，在查士丁二世、提比略和莫里斯的统治时期，查士丁尼在意大利光复的领土大多丧失，再度落入日耳曼人手中。皇帝控制的领土仅剩下两块，其一是横贯意大利中部的宽阔区域，从亚得里亚海海滨的拉韦纳和安科纳延伸到第勒尼安海海滨的罗马；其二是这一地区的最南端，意大利"靴子"的"靴尖"和

查士丁二世的十字架，现存于梵蒂冈

"靴跟"，包括布鲁提乌姆，以及卡拉布里亚[1]的塔兰托、布林迪西和奥特朗托。撒丁岛和西西里岛也得以免于伦巴第人的染指，因为他们未能组织起舰队。罗马帝国在意大利中部的领土将伦巴第

1　此处的"卡拉布里亚"指同名古地区，即今普利亚南部，而非意大利西南端的雷焦周边地区。

人的领土一分为二，伦巴第国王在托斯卡纳和波河流域统治着大部分区域，而斯波莱托和贝内文托的两位公爵则在南方各自划地统治。

意大利被伦巴第人和帝国分割一事影响深远，很久以后，半岛才得以统一到同一政权之下。直到 1870 年意大利王国征服罗马之后，阿尔卑斯山与墨西拿海峡之间的所有领土才最终统一。可以说，直到维托里奥·埃马努埃莱[1]出现，查士丁尼才有了后继者。

伦巴第人南下之后，帝国在意大利的领土由名为"外督"（Exarch）的高级官员管理，他驻守于帝国在意大利的堡垒之中，也就是最靠北也最坚固的拉韦纳。意大利的所有行省名义上都由他控制，然而事实上只有周边地区由他控制，他的命令很难在那不勒斯和雷焦得到执行，掌控遥远的西西里岛和撒丁岛则更加困难。而罗马教廷成了这一无政府状态的最大受益者，尽管有一位总督以较高级的武官身份住在罗马，但他那控制着精神世界的邻居却从开始便掌控着局势。早在东哥特人统治的时代，罗马的主教们就有相当的重要性，他们作为意大利人的官方代表与统治当地的日耳曼人沟通。此时他们既有相当的自由，意见也有相当的分量，因为与他们对话的不是距离不远的意大利国王，而是听命于远方君士坦丁堡的外督。格里高利一世（590—604 年在位）是第一个获取独立地位并轻视拉韦纳外督的教宗。他是一位干练而精力充沛的人，不愿意任罗马处于无人管束的状态，于是不顾外

---

1 即维托里奥·埃马努埃莱二世，以撒丁国王身份推动意大利统一，成为意大利王国第一位国王。——译者注

督的反对，主动参与行政工作。592 年，当斯波莱托的伦巴第公爵还在与帝国对阵时，他就私自代表罗马与公爵签署和约。莫里斯皇帝斥责他愚蠢而抗命不遵，却没有冒险罢黜他，毕竟与波斯人和阿瓦尔人的战争让他无力派兵前往罗马。格里高利也曾经越过外督自行指定那不勒斯的管理者。599 年，他以调停人的身份调解伦巴第国王和拉韦纳外督的战争，仿佛他是中立的君主一般。尽管没有断绝与罗马帝国的关系，但格里高利的表现仿佛表明，他认为皇帝只是名义上的宗主，而不是实际的统治者。他在发生争议时向来不肯让步，往往下达与帝国政府的要求截然相反的命令，而且和倒向莫里斯的君士坦丁堡牧首们产生了一系列的冲突。当君士坦丁堡牧首"斋戒者"约翰自称"普世牧首"之时，格里高利给莫里斯写信，声称约翰的举动意味着敌基督的时代即将到来，并催促皇帝施压，让皇帝以武力否认这一称号。中世纪的教廷此后可以在各种可能的场合，就各种可能的问题，对国王与皇帝提出责难和要求，格里高利一世的做法就是最早的例证之一。好在格里高利的继任者们的能力并不出众，否则帝国就必然要和教廷决裂了。教廷最终公开否认君士坦丁堡君主的最高地位还要等到近 200 年之后。

拉韦纳外督和伦巴第国王们的战争几乎没有受到来自东方的任何干预。6 世纪的最后 30 年间，皇帝们正忙于同波斯和斯拉夫人的战争。和东方的万王之王的战争在查士丁二世、提比略和莫里斯执政时期总共持续了大约 20 年，开始于 572 年，直到 592 年才结束。和 30 年前查士丁尼一世与霍斯劳一世的战争类似，战争没有取得任何决定性的结果。劫掠式的入侵远多于正式战斗，导致双方的边境地区荒无人烟。波斯的劫掠部队推进到安条克城下，罗马将军则突入到米底亚和科尔多内，这是罗马帝国的旌旗200年来首次在这些地方出现。20年争斗的直接结果就是双方都给对手造成了相当的削弱与破坏，又没能取得任何决定性的优势。因为内战而被迫和谈的霍斯劳二世把两个边境城市达拉和马泰罗波利斯——这一系列征战的唯一战果——交还给莫里斯，还割让了少量亚美尼亚领土。然而这些微小的成果根本无法弥补帝国在十余次波斯入侵中所遭受的巨大损失。

与波斯人的战争虽然损耗极大，但至少取得了成功。然而在帝国北部边境，罗马军队的境况要艰难许多，大片领土开始丧失。这一方向的入侵者是两个新敌人，他们在伦巴第人离开多瑙河沿岸入侵意大利之后出现。此时帝国的北部边境已经没有日耳曼人了，由阿瓦尔人和斯拉夫人取而代之。阿瓦尔人是源自亚洲的游牧部族，是草原上的剽悍骑兵，就像之前的匈人一样。他们为躲避在中亚崛起的突厥人而向西迁徙，并在南俄草原停驻下来，其居住地距离多瑙河河口不远。渡过多瑙河掠夺默西亚的丰厚收获，在他们看来是无法抗拒的诱惑，不久之后，阿瓦尔骑兵就开始频繁侵袭巴尔干和黑海沿岸了。他们初次在罗马人的领土上劫掠发生在查士丁尼晚年的562年，而此后他们的侵袭便接连不断。他们只要获得了钱财就会签署和约，但只要花光了钱财就会背约开战，他们每次出现在多瑙河南岸时，距离前一次劫掠还没过去多久。

但斯拉夫人对帝国的威胁远在阿瓦尔人之上。阿瓦尔人只是前来劫掠，而斯拉夫人，就像两个世纪之前的日耳曼人那样，想要把边境的行省变成他们的新家园。罗马人起初仅仅和斯洛文尼亚部和安泰部这两个部族接触，然而它们的背后还有许多其他部族正在逐渐南下，让克罗地亚、塞尔维亚等名字首次出现在历史之中。斯拉夫人居住在欧洲最东方，也是最为落后的雅利安人。他们向来在日耳曼人的后方居住，直到哥特人与伦巴第人相继迁徙，不再阻隔在斯拉夫人与帝国之间时，他们才得以与帝国接触。这些民族十分粗野，文明程度远低于日耳曼人。他们几乎没有接触过艺术，不使用护甲，只使用独木舟作船——而且用火烧空树干制船，就像现在澳大利亚的原住民那样。他们还没发展到由国王或首领统治的地步，而是居住在村庄聚落之中，由各个家族的族长管理。他们的房屋是土坯房，他们并不种小麦，而是种植野谷。他们作战时可以集结数以千计的长枪兵和弓箭手，但这些粗野的部队并不擅长在开阔地作战。他们既无法抵御骑兵，也无法抵御纪律严明的步兵；他们仅仅擅长在林地和狭窄小路作战，在这里，他们可以部署伏兵突袭敌人。我们可以确定，他们最热衷使用的欺骗方法就是隐匿到池塘或河流中，伏在水中几个小时。他们使用芦苇管呼吸，这也是他们显露在水面上的唯一踪迹。他们可以隐匿数以千计的士兵，并保证在突袭之前不露出任何迹象。若不是记载中曾几次提到，我们根本无法相信这种不可思议的突袭竟然真的可行。

斯拉夫人在 6 世纪初已经为帝国所知，但直到查士丁尼逝世之后，他们才作为威胁出现在记载中。但在伦巴第人西进之后，斯拉夫人抵达多瑙河，并开始渡河，想要在罗马人控制的一侧永久定居。斯拉夫人和阿瓦尔人的联合侵袭复杂而古怪，毕竟阿瓦尔这个鞑靼部族的可汗曾经让许多邻近的斯拉夫部族成为他们的附庸，而他们却时常不顺从他，时常想要通过进军罗马人的领土来摆脱他的控制。因此虽然可以看到斯拉夫人和阿瓦尔人联合行

动的记载，但其他情况下也会看到他们各自独立行动乃至互相为
敌的记载。我们很难想象比这还要混乱的入侵。

在此时，巴尔干半岛的内陆有色雷斯和伊利里库姆的居民居
住，这些人大多使用拉丁语，尽管还有部分人保持着更古老的蛮
族时代的语言风格。[1] 他们是帝国在意大利之外的省份之中唯一一
批依然大量使用旧语言的臣民。他们占总人口的 1/4，尽可能地维
持着罗马帝国的特性，避免与希腊人和亚洲人同化。他们对自己
使用拉丁语这件事颇为自豪，在这一地区腹地出生的查士丁尼就
热衷强调拉丁语是他的母语。

对拉丁化的色雷斯-伊利里库姆人口而言，斯拉夫人与阿瓦尔
人的侵袭造成了前所未有的破坏。此前哥特人也曾经入侵此地，
但他们至少是半文明的基督徒，然而新来者却极度野蛮。简而言
之，在 570—600 年的巴尔干山地以北，即今塞尔维亚与保加利
亚，当地的旧居民几乎被全部消灭；而在更靠南的马其顿和色雷
斯，旧居民的数量也不幸地大量减少。使用拉丁语的居民几乎就
此消失，余下的只存在于达尔马提亚地区，还有在斯拉夫人席卷
乡村之后分散在其间的瓦拉几亚人。同时代的编年史家以弗所的
约翰，清晰地记述了这次入侵的影响：

> 因为受诅咒的斯洛文尼亚人在 581 年入侵，这一年被人
> 铭记。他们席卷了希腊、塞萨洛尼基周边地区以及整个色雷
> 斯，还占据了这些地区的城市和许多堡垒，烧杀抢掠，将当
> 地人掳为奴隶，让自己成为这个地区的统治者。他们大部分

---

1 即今阿尔巴尼亚语，这是古伊利里亚语言的唯一遗存。

定居在这里，仿佛这里就是他们的故乡。如今已经过去了四年，他们依然在这些土地上安然生活，并继续拓展地盘，在上帝的默许之下烧杀抢掠，继而定居于此。

乡村已经被斯拉夫人占领，城镇的抵抗相比之下更为有效，毕竟斯拉夫人和阿瓦尔人都不擅长围城战。依靠这些筑垒的城镇，莫里斯委派的名将普利斯库斯得以维持多瑙河一线的守备，并组织了一系列英勇的抵抗。他甚至渡过多瑙河进攻斯拉夫人和阿瓦尔人的腹地。然而焚烧他们的村庄、杀死他们的战士收效甚微。他无法庇护罗马帝国领土上没有防卫的居民。受多瑙河畔诸堡垒保护的土地很快就被破坏殆尽，斯拉夫人则开始在这一地区分散定居。罗马居民实际居住的地区退到了巴尔干山地以南，甚至更南方，而斯拉夫人正以更大的规模渡过多瑙河，河畔的西吉杜努姆（贝尔格莱德）和多罗斯托隆（斯里斯特拉）的驻军对此无能为力。

阿瓦尔人和斯拉夫人的入侵导致皇帝莫里斯失势。他因为无力抵御蛮族入侵而失去了民心，而他于599年表现出的无情态度更让他遭臣民怨恨。阿瓦尔可汗俘虏了15000人，向他索取大笔赎金。莫里斯因为国库已经耗干而加以拒绝，可汗随即屠杀了所有俘虏。不过皇帝失势的直接原因还是他对军方的态度。尽管他本人就是武官出身，军界却向来与他关系不佳，对他既不尊敬也无信心。但客观地说，莫里斯确有一定的军事才能，他写的军事著作《战略》作为帝国军队的官方操典使用了300年。

602年，莫里斯下令多瑙河地区心怀不满的部队在河北岸，即斯拉夫人居住的荒芜沼泽地越冬。部队拒绝从命，发动兵变赶走了他们的军官，而后推举福卡斯——一位出身低微的百夫长为首领，在福卡斯的率领下向君士坦丁堡进军。

莫里斯将首都的蓝党和绿党武装起来，决心守卫首都。然而他发现无人愿意为他战斗。于是他带着妻儿逃到了博斯普鲁斯海峡的对岸，在对他态度更好的亚洲省份避难。已经自立为帝的福卡斯很快就派来了追兵，在查尔西顿将莫里斯逮捕。这个残忍的篡位者将皇帝和他的 5 个儿子全部处决，纵使最年轻的孩子只有 3 岁。莫里斯临刑之时展现的勇气和虔诚让他的敌人动容，他最后的遗言是："公正的上帝，做出正义的裁决吧！"

第 10 章

黑暗时光

　　君士坦丁堡的皇位第一次被谋害合法皇帝的武装叛乱者窃据，此前大体和平有序的皇位继承遭到终结。这次僭越不但开了恶例，还带来了直接的威胁。新皇帝的统治能力远不及不幸的莫里斯，莫里斯尽管几番犯错，屡遭厄运，却向来勤政、克制、虔诚且节俭。但福卡斯不过是个粗野的士兵。他残忍、自大、多疑又鲁莽，帝国在他无能的领导之下开始迅速崩溃。他在执政之初就残忍处决了莫里斯的一众亲友。自此，他的杀戮就从未停歇过，或许最恶劣的一桩血案就是杀死莫里斯的妻子、提比略的女儿君士坦娜以及她的三个幼女，只为防止他人以她们的名义谋反。而此前与波斯人的战争之中战功赫赫的将军纳尔西斯[1]被他以火刑处死一事，则引起了更大的恐慌。纳尔西斯先得到了人身安全的保证，

1　显然不是查士丁尼时代的同名宦官将军。

才来到首都为自己遭受的谋反指控辩白。因此可以说，皇帝不但使用了帝国接纳基督教之后就未曾使用过的酷刑，还背弃了自己的誓言。

福卡斯登上皇位之后，与莫里斯私交不错的波斯国王霍斯劳便以替好友复仇的虚伪借口，对福卡斯宣战。战争与查士丁尼一世和查士丁二世执政时期的边境冲突均有所不同。波斯人接连两年进入叙利亚北部烧杀抢掠，一路抵达沿海地区。然而在第三年，他们挥师北上，侵入此前尚未经历战火的小亚细亚省份。608 年，他们的主力军已经突破卡帕多西亚和加拉提亚，抵达查尔西顿城下。君士坦丁堡的居民已经可以看到被焚毁的亚洲海滨村庄的火光，这是他们从未见过的吓人景象。尽管色雷斯曾经几次在城内居民的注视之下遭到劫掠，比提尼亚却还是第一次遭此厄运。

首都之中不断有人密谋推翻福卡斯，但都被后者一一发现，他以骇人的酷刑将谋反者处决。他执政的 8 年时间里，君士坦丁堡的死刑判决接连不断，亚洲的侵略者则已劫掠了两海之间的地区，而随着欧洲驻军赶往博斯普鲁斯海峡迎战波斯人，斯拉夫人对色雷斯和伊利里库姆的控制也越来越牢固。然而在外部的动荡下，福卡斯依然掌控着君士坦丁堡。这个靠军事叛乱夺取皇位的人注定要在国内的军事叛乱之中被推翻。

福卡斯执政时期，北非是唯一一个既没有爆发内乱也没有遭遇外敌的省份。当地的执政者——年迈的外督希拉克略，因为在这里深得民心，所以皇帝不敢罢免他。希拉克略收到近乎绝望的君士坦丁堡居民的邀请，请他前去推翻城中的暴君，让帝国摆脱这个魔王的魔爪。希拉克略最终同意了。他悄然准备了一支舰队，让与自己同名的儿子指挥。他派舰队向君士坦丁堡前进，而与此同时，他的侄子尼基塔斯则率领大批骑兵沿非洲的海岸线进入埃及境内。

当小希拉克略率领的舰队抵达达尼尔海峡时，君士坦丁堡中有身份的市民纷纷秘密前来避难。他抵达首都附近时，福卡斯的部队发动了兵变，暴君的舰队甫一接战就四散逃走，城里的人打开了首都的城门。曾经受福卡斯虐待的一位官员在宫中逮捕了这个暴君，把他押到征服者的战舰上。"你就是这样治理帝国的吗？"希拉克略问道。"那么，你又能治理得更好吗？"落入绝境的篡位者反问道。希拉克略一脚将他踢开，船上的士兵们随即将他砍成碎块。

次日，牧首与元老院承认希拉克略为皇帝，后者随后在 610 年 10 月 5 日在圣索菲亚大教堂加冕。

希拉克略掌控了一片混乱的帝国。他很快就会明白，福卡斯死前那句轻蔑的话之中的确有道理。让境况好转几乎毫无可能，因为资源已经几近耗竭。除了北非、埃及以及首都近畿，余下的所有省份都已经被波斯人、阿瓦尔人和斯拉夫人占据。国库一贫如洗，军队在小亚细亚的一系列血腥惨败之后也所剩无几。

希拉克略起初似乎也陷入了绝望，认定帝国已经不可能从混乱之中恢复秩序，即使此时的他年富力强——"这个男子身材中等，体格健壮，肩膀宽阔，有灰色眼睛、黄色头发，肤色格外白皙；登基之时的他胡须茂密，但此后他将胡须剪短"。在执政的最初 12 年，他留在君士坦丁堡，竭尽所能地重整帝国，守卫色雷斯和小亚细亚。他无法拯救更遥远的省份，因此关于他执政初期的编年史记载的都是帝国领土的丢失。美索不达米亚和北叙利亚在福卡斯执政时期就已经丢失。而在 613 年，当帝国军队忙于防御卡帕多西亚时，波斯将军沙巴拉兹向南进攻叙利亚中部，攻破重镇大马士革。然而更大的厄运还在后面。614 年，波斯大军抵达圣城耶路撒冷，这座圣城在短暂抵抗之后被攻破，波斯人在这里布置了驻军。然而在沙巴拉兹率领主力离开之后，城中的居民暴动并杀死了波斯驻军。大怒的沙巴拉兹率部返回，突袭攻破了该城，屠杀了城中 9 万基督徒，仅有犹太人得以幸免。耶路撒冷牧首扎哈里亚斯被囚禁，而基督教最珍贵的圣物"真十字架"也未能幸免。传说中，君士坦丁一世的母亲海伦娜在莫里亚山发现了这件圣物，帝国为此建造了奢华的圣殿。如今沙巴拉兹亵渎了教堂，带着真十字架返回波斯。

　　这样的损失让东帝国的臣民近乎绝望。他们相信，帝国的气运随着帝国的庇护圣物真十字架的丢失而消失了，人们甚至开始认为世界末日即将到来，波斯的万王之王霍斯劳就是敌基督。波斯君主在胜利之时，在给希拉克略的信中表现出近乎疯狂的自傲，这似乎能说明一些问题。他的亵渎话语，仿佛是《列王记下》中辛那赫里布的信一般：

　　　　最伟大的神，国王与整个世界的统治者霍斯劳，致他卑劣愚蠢的奴隶希拉克略：我没有击垮你们希腊人吗？你说你信仰上帝，那他为什么不把我手中的恺撒利亚、耶路撒冷和亚历山大里亚交给你呢？我难道不能摧毁君士坦丁堡吗？但如果你愿意带着妻儿向我投降，我会宽恕你的全部罪愆；我会赐你耕地、葡萄园和橄榄园，会善待你。不要用虚假的基督来欺骗自己了，他甚至不能让他自己免于被犹太人钉死在十字架上的命运。

真十字架的丢失激起了惊恐和愤怒，而渎神的霍斯劳更是让东罗马帝国在历史上第一次爆发出真正的民族情感。人们担心基督教世界将就此终结，因而所有人，无论地位高低，都必须要共同奋斗，将拜火的波斯人赶出巴勒斯坦，收复圣地。皇帝发誓他将亲率大军走上战场——自从狄奥多西一世在 395 年亲征之后，再没有哪位君主曾经亲自登上战场。教会也以最为隆重的方式提供援助。在牧首塞尔吉乌斯的率领之下，君士坦丁堡所有的教堂都拿出财富和金银器，交给铸币厂铸币，作为给帝国政府的借款，借款在征服波斯人之后再行归还。君士坦丁堡自从君士坦丁一世建城之日起一直给城中人分发的免费面包就此终止，但居民们对此毫无怨言。事实上这一举措不但节省了国库开支，还帮助了军队。数以千计的贫民纷纷加入军队，这些赛车党派中吃救济的闲人成了为帝国奋战的士兵。若继续提供面包，希拉克略根本拿不出钱开战。616 年，作为帝国谷仓的埃及已经丢失，而若要在谷物供应被切断之后依然在城市之中分发免费面包，就必须靠帝国财政出资购买，这样的巨额花费足以毁灭帝国。

在教会借款的帮助之下，希拉克略武装了一支新军队，并组织了舰队。他还给君士坦丁堡配置了数量可观的驻军，这是必不可少的慎重之举，毕竟在 617 年，波斯人曾突入博斯普鲁斯海峡并占据了查尔西顿。希拉克略或许本可以在次年就出征，但阿瓦尔人的侵袭拖住了他。这个野蛮的民族此前一直在近乎全无防护的色雷斯肆意破坏，但如今他们许诺和谈。希拉克略在可汗的邀请之下出发，到赫拉克利亚附近与他会谈。然而会谈是个陷阱，背信弃义的蛮族安排了伏兵，想要活捉皇帝，希拉克略策马狂奔才得以侥幸逃脱。他抛弃了皇帝的披风全速前进，冲进城中。而城门关上时，可汗的前锋部队已出现在城市的视野之内。阿瓦尔人让皇帝分身乏术，直到 622 年，他才得以出征进攻波斯人。

希拉克略的远征是有史记载的第一次圣战。这是罗马帝国第一次以宗教热情来发动战争，毕竟皇帝和他的臣民想要达成的已经不是政治目的了。军队出征是为了拯救基督教世界，是为了收复圣地，夺回"真十字架"。宣扬战争的布道词让人们鼓起极高的热情，皇帝也为了激发这种热情而带上了一幅圣母像——希腊教会向来最喜欢的圣像之一，据说这幅圣母像并非出自凡人之手。

希拉克略发动了至少 6 次远征（622—627 年），英勇地拯救了几乎沦为废墟的帝国。他得到了应得的崇高名望。若不是晚年遭遇了厄运，他的名字理当进入世界上武功赫赫的君主之列。

他的第一次远征肃清了小亚细亚的波斯人。他没有直接进攻，而是使用了巧妙的计策。他没有攻击查尔西顿，而是乘船到奇里乞亚登陆，出现在敌人后方，威胁叙利亚和卡帕多西亚。一如他的预料，波斯人从君士坦丁堡对岸的军营仓皇撤退，前来与他决战。然而靠着机敏的调度，他彻底打垮了波斯将军沙巴拉兹，肃清了小亚细亚的敌人。

下一次远征中，希拉克略决定以类似的计划解放余下的罗马帝国省份。他进攻霍斯劳的本土，迫使他把叙利亚和埃及的部队全部召回，以防卫波斯本土的省份。623—624 年，皇帝翻越亚美尼亚的群山，出现在米底亚，他的大军报了安条克和耶路撒冷之仇，焚毁了米底亚首府甘扎克的神庙以及波斯人的先知琐罗亚斯德的故乡塞巴莫斯。如希拉克略所料，霍斯劳召回了在西方的部队，进行了两次决战以保卫泰西封。霍斯劳的将军两度战败，但罗马军队也严重受损。冬季即将到来时，希拉克略率部退回亚美尼亚。在接下来的远征之中，他收复了罗马的美索不达米亚，包括阿米达、达拉和马泰罗波利斯等堡垒，并再度击败了沙巴拉兹。

626年决定了这场战争的胜败。顽固的霍斯劳决定做最后一搏，与阿瓦尔可汗联合行动，想彻底击垮希拉克略。波斯大军把皇帝牵制在亚美尼亚之时，大批部队在沙巴拉兹的率领之下从南面进入小亚细亚，进军博斯普鲁斯海峡。与此同时，阿瓦尔可汗率领自己的部族以及斯拉夫附庸军队，从巴尔干半岛席卷而下，从欧洲一侧围攻君士坦丁堡。两支蛮族大军能够隔海相望甚至传信交流，但罗马帝国的舰队在海上巡游不息，让他们无法合兵一处。

626年的6—8月，帝国的首都遭受了持续的围攻，危机似乎迫在眉睫，而皇帝依然远在幼发拉底河畔。但守军依然顽强，担任指挥官的贵族博努斯能力出色，海军力量也足够强大，并且君士坦丁堡居民那自622年便被激发出的圣战热情依然不曾消散。7月末，8万阿瓦尔人与斯拉夫人的联军使用各种各样的攻城器械，从陆地一侧同时进攻。然而他们最终被击退，并且损失极大。接下来可汗建造了大量木筏，企图帮助波斯人渡过海峡，但罗马人的舰队摧毁了这些简陋的木筏，还杀死了大批乘着小船来攻击舰队的斯拉夫人。可汗在失望之中放弃围攻，返回多瑙河北岸。

希拉克略对君士坦丁堡和守城者的勇气抱有相当的信心。他派出少量精锐部队援助守军，却从未停止进攻波斯本土。沙巴拉兹和阿瓦尔可汗围攻帝国的首都时，皇帝本人在米底亚和美索不达米亚大肆破坏。他和万王之王霍斯劳一样，从北方召来游牧盟军。作为阿瓦尔人侵袭色雷斯的报复，4万哈扎尔骑兵借此来到波斯北部。各地的敌人望风而降，波斯人的境况愈发绝望。[1]

次年，万王之王霍斯劳将最后的波斯征召部队投入战场，给其指挥官下达了"征服或死亡"的命令。与此同时，他也命令沙巴拉兹撤离查尔西顿，全速返回。然而希拉克略俘虏了信使，沙巴拉兹因此没能及时收到返回的命令。

在尼尼微附近，希拉克略与波斯的本土防卫部队决战，彻底击溃了他们。他本人率领麾下骑兵全速冲锋，亲手刺死了敌人的将军。霍斯劳再也无法把新军队派上战场，而希拉克略在圣诞节夺取了达斯塔吉尔德的宫殿，放任他的部队进行抢掠，这是自亚历山大大帝夺取苏萨之后发生的最疯狂的一次劫掠。

霍斯劳癫狂的自负终于遭到了报应。他给希拉克略写下那封自负的信已经过去了 10 年，而此时他的困境远超对手曾经的处境。达斯塔吉尔德陷落之后，他退到帝国的首都泰西封。但在这里，他也不得不在敌军抵达之时逃离。他的人生就此终结，他的儿子西洛斯与主要的贵族们将他逮捕并囚禁起来。霍斯劳在几天之后死去——某些记载声称他在狂怒与绝望中离世，尽管更黑暗的可能性是他是被活活饿死的。

新国王以最为谦卑的语气向胜利的罗马人示好，称希拉克略为"父亲"，并为霍斯劳的野心带来的所有悲剧致歉。希拉克略仁慈地接纳了波斯的使节，同意和谈，条件是波斯人完全撤出罗马帝国的领土、支付战争赔款，并归还包括真十字架在内的从耶路撒冷掳走的一切圣物。西洛斯欣然应允，628 年 3 月，长达 26 年

---

1 实际上这些哈扎尔骑兵在 626 年末，与希拉克略签订盟约的哈扎尔汗哲比尔逝世之后就撤走了。627 年希拉克略与波斯人的最后决战中没有大规模哈扎尔盟军的参与。——译者注

的漫长战争就此终结。

希拉克略在同年率领获胜的大军，带着战利品，以及最大的战果真十字架，胜利返回君士坦丁堡。他入城时接受了古罗马的凯旋式，而元老院则授予他"新西庇阿"的头衔。全城的市民戴着桂冠迎接大军，典礼的压轴一幕则是将真十字架敬献到圣索菲亚大教堂的圣坛之上。希拉克略随后在盛大的仪式之中，将真十字架送回耶路撒冷。

这或许是罗马帝国的皇帝取得的最大胜利。希拉克略的功业胜过了图拉真与塞维鲁，他率部抵达的地方比任何一位罗马将军所到达的地方都要靠东。他身为皇帝，需要面对的任务也是前所未有的艰难：他之前没有任何一位皇帝是在 3/4 的领土被敌人占据，首都也被敌人围困的情况下即位的。自从尤利乌斯·恺撒之后，再没有哪位君主能够如此接连不断地征战——希拉克略连续 6 年没有离开马鞍——或者取得如此的战绩。

返回君士坦丁堡的希拉克略希望在和平之中度过余生。他已经 54 岁了，接连不断的征战让他疲惫不堪。然而他期待的平静生活没有到来，在他的统治终结之时，帝国再度陷入了灾难，境况几乎和他执政开始时一样。

撒拉逊人的大举入侵即将到来。正当希拉克略凯旋时，穆罕默德送出了那封著名的信，要凡间的国王们接受伊斯兰教。在与波斯和阿瓦尔人打了长达 10 年的漫长战争之后，帝国已经耗竭了人力和财力，而如果皇帝能够预知远比旧敌人更恐怖的新敌人即将发动入侵的话，或许他宁愿在凯旋式结束之后便撒手人寰。

第 11 章
社会与宗教

　　希拉克略的执政时期正巧分开了罗马帝国的古代史和中世纪史。从君士坦丁到希拉克略，尽管帝国的国土、特质、社会和宗教生活都在这之间的 300 年中发生了极大的变化，但整段历史完全不曾出现过中断。随着君士坦丁在博斯普鲁斯海峡定都，新秩序和平而有序地发展。这三个世纪的历史之中，有一个现象最值得一提，那就是君主之间的传承保持着稳定。瓦伦斯死后，再没有任何一位武力篡位者登基，平稳的皇位继承得以保持，直到 602 年福卡斯加冕。担任皇帝者，不是前一位皇帝指定的继承人，就是由高级官员和元老院推举的人——当然这种情况更少一些。更值得一提的是，即使这一时期仅有三次父死子继的情况发生，这种继承却依然保持了如此的稳定性。除了君士坦丁、狄奥多西一世和阿卡狄乌斯，再没有哪位皇帝留下男性后代，然而选择继承人的认知在帝国之中是如此的根深蒂固，以至于侄辈、女婿都可以被老皇帝欣然指定为继承人。在这种继承模式下，还应当提到这 300 年间没有出过完全一无是处的暴君。尽管瓦伦斯愚蠢而贪婪，阿卡狄乌斯羸弱而怠惰，查士丁尼冷酷而寡恩，但皇帝们总体而言都能力出众，在道德上也不比统治时间同样漫长的其他国家的君主逊色。

　　320 年的帝国与 620 年的帝国，最大的特质变化源自贯穿这三个世纪的两个渐变的过程。其一是"去罗马化"（尽管这种说法可能不太准确）。从统治阶级和国内人口构成都可以看到这方面的变化。4 世纪时，罗马人的力量在东方依然强大，所有受过教育的人依然使用拉丁语，帝国几乎所有的官方机构也使用拉丁语。所有法律、所有官名、所有税收名和机构名也全部使用拉丁语。甚至在希腊或亚洲成长的写作者也时常使用拉丁语，即使希腊语是他们更熟悉的语言。阿米安努斯·马尔塞林努斯就很好地证明了这一点。在希腊出生的他，却使用统治者的语言写作，而非自己的母语。更重要的是，在亚得里亚海以东的土地上，依然有大量居民以拉丁语为母语——包括巴尔干半岛的所有内陆居民。除了希腊地区、马其顿和少量色雷斯滨海城市之外，巴尔干半岛其他地区的居民纷纷改用了征服者的语言。

　　但在 7 世纪，这些地区的罗马元素迅速消失了。皇帝确实依然被称为"虔敬、神佑的普世奥古斯都"（Pius Felix Perpetuus Augustus），但旧称呼在 800 年被废弃，改称"基督选定的罗马人的瓦西琉斯"（En Christo pistos basilieus ton Romaion）。古罗马的官员名称，诸如执政官、显贵、卫队长和仲裁官，虽然没有被放弃，但只是称呼而已，没有实际意义。6 世纪时，即使是受教育者也较少使用拉丁语了。约安内斯·利多斯记载称，自己在官僚系统之中得到提拔就是因为这个稀缺的特长。普罗柯比，这个同时代最优秀的写作者，这位有真才实学又具远见卓识的人，却对拉丁语几无了解，甚至连翻译最简单的拉丁语句子都有困难。查士丁尼是最后一位以拉丁语为母语的皇帝，他之后所有继任者都更擅长说希腊语。

　　拉丁语渐渐不再被使用的事情源自一个旨在解决罗马与东方之间延续性问题的办法，它切合实际却非正式政策，自君士坦丁将帝国分给自己的孩子们开始，到奥多亚克在 476 年自封为意大利国王时完成。在这一个半世纪里，东帝国说拉丁语的人与使用拉丁语的西帝国中断了交流，因而难免向占大多数的希腊语使用者屈服。但若不是使用拉丁语的省份遭受蛮族的破坏最为深重，这个过程也不至于如此迅速。西哥特人和东哥特人袭扰并杀死了许多色雷斯、伊利里库姆和默西亚的居民，而一个世纪之后斯拉夫人又几乎将哥特人灭绝。400 年时，亚得里亚海以东的人口中大约有 1/4 使用拉丁语；而到了 620 年，这一比例则不足 1/10。巴尔干半岛上曾经属于罗马的土地，如今已经由斯拉夫人的国家控制，只有达尔马提亚的海港居民以及巴尔干半岛少量分散的幸存者依然使用旧日的语言。仍对皇帝保持忠诚的行省之中，只有查士丁尼收复的北非和意大利两个外督区仍有数量可观的拉丁语使用者。但他们距离太遥远，远离帝国生活与政府的中心，无法影响东帝国这种"去罗马化"的过程。最后一位值得一提的以拉丁语为母语的写作者是诗人弗拉维乌斯·克里普斯，此人给查士丁二世写下了长篇的颂词。或许有人能猜到他来自北非。

　　帝国的罗马元素逐渐消失之时，帝国的基督教越来越深。君士坦丁和他的直接继承人在位时，帝国的管理体系刚刚开始受皇帝的宗教的影响。尽管君主本人是基督徒，但帝国的政府体系和之前的相差无几，许多高阶官员依然信仰多神教，而且所有行政与司法活动和 3 世纪时几无差别。直到君士坦丁一世逝世 40 年之后，基督教信仰才真正超出了精神世界，直接影响物质生活。国家把道德上的罪当作法律上的罪进行管控始自狄奥多西一世的时代，而狄奥多西一世在不道德性关系上的卫道活动即使是最有道德的多神教皇帝也无法理解。罗马生活之中最典型也最令人反感的角斗表演也在不久之后遭到彻底废止。尽管基督教化的君士坦丁堡从未引入这种表演，但它依然在罗马城存续了 60 年。然而，角斗表演的废止并非源自国家政府的指令，而是源自个人行为。404 年的一次比赛之中，角斗士开战之前，僧侣特勒马科斯冲进斗兽场，挡在角斗士的面前，恳求他们不要杀死自己的教友。在随后的一场恶斗之中，这位劝善的僧侣被杀，但他的死完成了他的恳求未能达到的目的——角斗此后再也没有举行过。

基督教的影响还深入社会生活的其他方面。基督教终结了如今可谓骇人听闻，但在古典时代颇为常见的杀婴行为，因为根据当时的社会观点，父亲有权力决定是否养育他的亲生孩子。而君士坦丁则要求政府负责养育贫困人家的孩子，以免父母遵循传统遗弃婴儿并任其死亡；瓦伦提尼安一世则在 374 年认定杀婴行为等同于其他谋杀罪，其罪犯应受死刑。

教会也在相当程度上影响了奴隶制。在此之前，除了少数的哲学家，人们大多蔑视奴隶，认为奴隶称不上人类，没有权利或者美德可言。基督教则认为奴隶也是人，和奴隶主一样拥有不朽的灵魂，而且奴隶和自由人在受洗与领圣餐时拥有完全相同的地

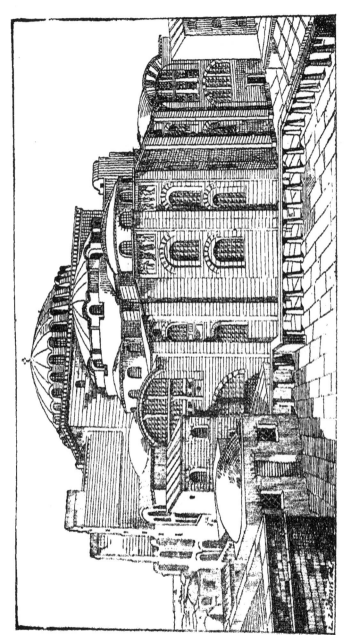

圣索菲亚大教堂外景

位。基督教最初的教导就包括解放自己奴隶的人能上天堂这一条，而各种各样的公共庆典或私人庆典中往往都有让奴隶重获自由的仪式。尽管奴隶制在此后几个世纪里依然存在，但奴隶制带来的恶行至少得到了相当程度的遏制。查士丁尼的立法显示，在他的执政时期，公众已经认定古时的奴隶制是一种恶行。自由人和奴隶被允许通婚，只要奴隶的主人同意即可。查士丁尼宣称这种婚姻下生下的孩子为自由人，并认定奴隶主逼迫奴隶卖淫为犯罪。代代相传的奴隶人口几乎消失，奴隶的来源仅剩下俘虏的蛮族、异教徒和其他敌人，只有拥有这些身份的奴隶才不会得到主人的关心。

所有遭受压迫的阶层，包括妇女、婴儿、奴隶和角斗士，境况的改观都源自基督教信仰中的一个本质理念。基督教的灵魂论让皈依的罗马人接受了个人的责任，并转变了对弱势群体的轻蔑态度。应当指出，对基督教的唯一信仰对于5—6世纪的罗马世界而言也不全是正面影响，一些思想对罗马帝国是有害的，甚至构成了威胁。在灵魂与天堂的问题上，教会给每个人施加了相当大的压力，导致一些人抛下了个人对国家的责任。这种现象的主要结果就是隐修思想。该观念从埃及产生之后，迅速传播到整个帝国，在帝国的东方省份尤其流行。人们离开俗世生活之后，便急切地希望拯救自己的灵魂。他们脱离国家，漠视社会价值。本来，只要他们人数不多，就构不成危害。然而此时，进入修道院的人却猛然增多，以至于对国家构成了极大的威胁。成千上万的人本应为帝国做出贡献，如今却进入修道院或隐修的洞窟。另外，5世纪的隐修士们既不传教，也不求学。修道院既不派人布道、教学，也不收藏古典世界的文献。最早一位让僧侣在充足的闲暇时间中抄写文字的修道院长是曾经担任哥特国王狄奥多里克（530—
540 年在位）秘书的卡西奥多罗斯。而在此之前，僧侣和书籍毫
无关联。

若国家中有许多自私者，他们只寻求自己的灵魂拯救而放任
俗世衰败的话，国家就难免陷入困顿。罗马帝国和蛮族的战争在
相当程度上因为大批臣民的隐修而陷入艰难之境。隐修士把蛮族
的入侵当作上帝对俗世之恶的审判，而不是视为需要所有国民团
结起来共同抵御的灾难。还有许多人一厢情愿地把 5 世纪的困顿
局面解读为《启示录》预言的灾难，并就此欣然等待天主第二次
降临。

许多基督徒在帝国遭受灾难之时的冷漠态度，让少数受过教
育的多神教徒恼怒。他们直接指责基督教的反社会思想在破坏帝
国，让人们忽略了公民应尽的各种责任。对此，基督徒奥罗修斯
决定写下长篇基督教史，以驳斥这一观点，驳斥的对象正是多神
教徒西莫科斯——他的著作把世间遭遇的一切灾难全部归因于君
士坦丁皈依基督教之举。

对帝国而言，幸运的是，统治阶级依然维持着旧日的罗马国
家体系，并顽强地与蛮族入侵、饥荒和瘟疫等同时代的危机抗争，
而不是屈膝臣服，将所有的灾难都当作天堂的正义审判和世界末
日的象征。

多神教在 5 世纪已经基本丧失了影响力，除了少数哲学家，
再无人公开承认多神教信仰。而在 529 年，查士丁尼正式宣布终
止多神教教学，关闭了雅典学院这个过时宗教信仰者的最后庇护
所。不过，虽然公开的多神教已经消亡，受教育的阶层之中却依
然有不少信仰无差别主义的支持者，许多 5 世纪会被认定为多神

教徒的人在 6 世纪则算是名义上的基督徒，即使他们的人生和基督教关联甚少。这类情况在文人和官员之中极为常见。许多 6 世纪的文士——比如普罗柯比——在作品之中完全没有留下基督教的痕迹，然而作者本人无疑是教会的一员。官员和法学家之中也有许多类似的情况，但他们名义上都是基督徒。随着时间的推移，这一人群的数量越来越少，罗马时代严肃而不受宗教影响的风格逐渐被中世纪那种感情化而盲信的风格取代。基督教化之前的时代遗存在受教育的阶层之中以信仰无差别主义的方式存在，然而在社会的底层阶级之中，情况则截然不同。前基督教时代的遗存通过一系列令人厌恶的迷信活动继续存在着，比如魔法、巫术、预言、护身符，以及其他细琐或淫秽的秘密仪式。帝国极力反对这类活动，把从事这类活动的人当作不虔诚者乃至异端，并对犯禁者进行处罚。即使如此，这些源自多神教的可鄙行为依然存留到了帝国的最后岁月。

人们通常把东罗马帝国的历史，即自君士坦丁一世至君士坦丁十四世[1]之间的全部时期，一致斥责为怯懦、腐败和没落。对拜占庭人生活的印象，可以用莱基先生那段令人恼怒的断言来总结："普遍的认识是，拜占庭是文明世界中一切卑劣无耻的集合，所有长期存续的文明之中，只有拜占庭与任何一种伟大都完全绝缘，又与任何一种卑劣都相关。他们的历史便是单调的阴谋史，和僧侣、宦官、女人有关，充斥着毒杀、密谋、忘恩负义与手足相残。"我们无从得知莱基先生如何得出这个"普遍认识"，毕竟只

1　即君士坦丁·帕列奥列格，目前一般称为君士坦丁十一世，"十四世"的说法计算了三位未曾执政的共治皇帝。

装饰性的大写字母（出自拜占庭细密画）

要对指控的对象做过基本的研究，就不会有这样的认识。这就像是对半个世纪前的二手史料的拙劣学舌，把爱德华·吉本的思想注水后当作主打商品进行贩卖。

如果我们必须归纳东罗马人与他们文明的特性的话，所得到的结论会截然不同。当然，他们确实有过错，毕竟东罗马帝国是在古罗马世界的东方省份建立起来的，当地居民向来被统治他们的民族称为无可救药的没落者与腐败者——对于叙利亚人、埃及人和希腊化的小亚细亚诸部族，就算是 3 世纪衰退之中的罗马人也时常对他们表现出鄙夷之情。拜占庭帝国从建立之初就显示了源自东方的柔弱，展现了 19 世纪的人特别厌恶的特质，比如宫廷中卑躬屈膝的繁文缛节，行各种各样自轻自贱的跪拜礼，在帝国的重要政府机构之中使用宦官和奴隶，在所有外交问题上蓄意使用背叛与谎言等。

但考虑到这一文明的起源，总的来说，我们依然应当为拜占庭文明的优点而赞叹，而非抓住缺点不放。必须指出，基督教让罗马帝国的道德水平步入了千年以来前所未有的高度。尽管 5 世纪的僧侣和隐修士们犯下了种种的错误，他们终归替代了 2 世纪时的库柏勒女神和密特拉神的祭司们。政府和公众最终消除了达佛涅与克诺珀斯的多神教狂欢，这同样值得一提。查士丁尼执政时期，教会和帝国政府统一起来，以精神审判和血腥死刑来惩罚那些帝国早期的皇帝们曾经犯下的违背人伦的罪行。

东罗马帝国最常遭到指控的恶行是怯懦、轻佻和背信。这三个指控都存在极大的问题。在皇帝是狄奥多西一世与希拉克略，牧首是阿塔纳修斯和"金口"约翰，朝中又有贝利撒留和普利斯库斯的时代，怯懦显然不是主流。拜占庭平民在暴乱中杀死盖纳斯和他的佣兵,以及发动尼卡暴动时,也完全称不上怯懦。如果东罗马帝国的军队全无军人风范,那么东哥特人和汪达尔人的王国如何灭亡,波斯人和匈人的入侵大军又如何被击退,帝国又如何能够在阿拉伯帝国的重压之下坚持 4 个世纪,直到哈里发的统治先行瓦解呢?

轻佻与奢侈可以轻易地用来指控任何一个时代。每个道学先生,无论是耶利米、尤维纳利斯,还是拉斯金先生,都觉得自己所处的时代就是历史上最可鄙可憎的时代。存世的拜占庭文学作品之中,反对君士坦丁堡风气的长篇大论比比皆是,其中提到的那个时代的人犯下的种种错误当中确实有许多禁欲主义的宣扬者厌恶的奢侈:华丽的衣着、浮华的装饰、声色犬马的行为等等。奢华往往伴随着堕落的生活方式,但批判者宣称的拜占庭人展现的邪恶,却与实际情况相去甚远。"金口"约翰批评同时代的阿卡狄乌斯时,他大加斥责的罪恶包括贵妇使用化妆品和染发剂,贵族爱好赌博,剧院中的不道德行为,公共庆典上的醉酒狂欢等。这些指责在任何时代,甚至在我们的时代,都是无法反驳的。大赛车竞技场之中的马车竞赛在社会生活之中占了过多的比例,吸引了成千上万的支持者,然而在我们这个体育运动兴盛的时代,指责 6 世纪的人无非是五十步笑百步而已,毕竟如今赛马依然吸引着许多观众。君士坦丁堡那些容易群情激愤的居民们,在大赛车竞技场之外再无任何其他体育娱乐活动,只有意识到这一点,我们才能明白为什么蓝党和绿党能够掀起如此规模的暴乱。

巨型城市里不可避免地会存在罪恶面,而 6 世纪的君士坦丁堡与 19 世纪的伦敦并没有本质上的区别。应当指出,基督徒和帝国政府都尽可能解决淫乱的问题。狄奥多西和查士丁尼都试图完

成清除妓院这个千古难题，后者把皮条客和老鸨全部流放，还将
情节严重者处死。我们也应当记住，君士坦丁堡在种种罪恶之外，
也展现了杰出的美德。弗拉西拉皇后开始了兴造救济院的惯例，
并亲自为病弱者铺床。普尔科莉亚公主在宫中虔敬修道，我们在
前文已经提及。

　　在怯懦和不道德之外，东罗马帝国最常被指控的罪恶就是背
信。诚然，在其他国家和时代，也有更热衷阴谋与叛乱的情况，
不过君士坦丁堡的阴谋确实太多了。其原因不难确定：这是个唯
才是举的社会，文武官员之中总是有贫穷、杰出又野心勃勃的人，
他们来自各个民族、各个阶层。皈依基督教的哥特人、背教的波
斯人、伊苏里亚的粗野山民、科普特人、叙利亚人和亚美尼亚人
都可以加入军队或者政府，只要他们有足够的能力。正因如此，
官僚体系与军界之中都存在缺乏爱国情怀、道德与稳定性的人，
他们乐于通过阴谋和武装叛乱谋求晋升。在了解这些因素之后，
我们或许会惊讶于这么一个事实：350—600 年，帝国并没有任何
一位合法的统治者是被宫廷阴谋或武装叛乱推翻的。所有的阴谋
（在这一时期确实数量很多）全都失败了。这事实上足以说明东罗
马帝国中的忠诚还是多于背叛。而在更晚期的时代时常出现更恶
劣的情况。[1] 一个例子或许就足够说明这一现象：在中世纪的意大
利，仅在 13—15 世纪发生的无耻阴谋，数量就已经超过维持千年
的拜占庭帝国了。

---

[1] 莱基先生提到了"手足相残"。有必要指出，在 340—1453 年，没有任何
一位皇帝是被兄弟谋杀的，也只有一人被他的兄弟推翻。有两人被儿子推
翻，但都没有遭到谋杀。

第 12 章

撒拉逊人到来

628 年重归和平之后，罗马帝国和波斯帝国都已耗竭了军力和财力，各自的领土也都遭到了对方的彻底破坏，疲惫不堪的两国就此停止争斗，各自疗愈致命伤。双方此前都不曾给对方带来如此大的破坏。在此前的战争中，摩擦都发生在边境堡垒，获取的战果也不过是少许边境领土。然而霍斯劳和希拉克略各自向对方的腹地发动了进攻，一路破坏沿途行省，直至对方的首都城下。波斯人让野蛮的阿瓦尔人在色雷斯肆虐，而罗马人则把更野蛮的哈扎尔人带到了泰西封。战争结束，两国都比开战之前更虚弱，都是流血难止、疲惫不堪，并且都渴望维持长时间的和平，以便恢复元气。

正在此时，一个全新的强大敌人对这两个在战争中耗竭力量的政权发动了进攻，而凶悍的他们最终灭亡了古老的波斯王国，并夺走了罗马帝国一半的省份。

直到此时，阿拉伯人的政治形态与罗马人和波斯人相比都颇为原始。罗马人和波斯人都拉拢了部分阿拉伯部落当盟友，而且时常派出远征部队或者使团来到叙利亚沙漠的另一端。他们都没有预料到，这些既分散又不团结的阿拉伯部落会集结起来，构成极大的威胁。

希拉克略和霍斯劳正忙于侵袭对方的领土时，即将影响全世界的重大事件正在阿拉伯半岛悄然发生。历史上，阿拉伯人第一次，也是最后一次产生了改变世界的思想，而这思想也改变了历史的走向，改变了世界的版图。

谜一般的穆罕默德是先知与预言者，他在帝国和波斯开战期间发展着自己的事业。他让自己和信徒们走上了历史前台。在阿拉伯地区缠斗不休的多神教徒在他的率领下成为统一的虔诚信徒，气势汹汹地拔出长剑，向世界呼出他们的新战吼："万物非主，唯有真主，穆罕默德是真主的使者。"

628年，即大战的最后一年，阿拉伯人向希拉克略和霍斯劳送信，要求他们皈依伊斯兰教。波斯人回复称，他们会在有空时将阿拉伯人的先知拘押起来。罗马人没有直接答复，而是给了穆罕默德一些礼物，并忽视了信件中的神学问题，试图把他当作潜在的盟友。先知对这两个回复都不满意，便给这两个帝国带来了同样毁灭式的打击。次年，东罗马帝国和阿拉伯军队第一次交锋，一批穆斯林部队一路劫掠，抵达死海附近的穆阿泰。不过直到3年之后，穆罕默德本人已经逝世时，罗马帝国才遭遇了真正的风暴。哈里发阿布·伯克尔遵从先知的遗愿，集结了两支军队，一支进军巴勒斯坦，另一支进军波斯。

英语学术界向来低估了穆罕默德的信徒初次出征时所展现的力量与愤怒，直到最近七八年才有所改观。如今在塔迈和阿布克利，我们亲眼见证了这一切。[1]这样的信仰能让人冲破使用马提尼亨利步枪的空心方阵，绝对不容小觑。今后，我们不应当对哈里发国家早期的军队过于轻视，更不能和吉本一样鄙夷那些被他们击败的军队。维多利亚女皇的军队使用现代的步枪和火炮，依然要和狂热的阿拉伯勇士苦战；我们也不应苛责希拉克略的部下，毕竟面对同样的敌人，他们只能使用长枪和刀剑。东罗马帝国在和撒拉逊人的早期交战之中，虽然拥有更好的纪律和更齐整的装备，但这并不足以抵御狂热的对手。穆斯林相信自己在死后能获得殉道的荣耀，因而乐于战死，而且只要能够杀死一个敌人，就不再在乎自己是否会阵亡。罗马人已经尽可能地进行抵抗，但他们并没有像敌人一样期待殉道，也不会轻视自己的生命。

撒拉逊人在希拉克略最不希望的时刻入侵。他刚刚向教会支付了此前赊欠的大笔债务，他不但为此花光了国库，还被迫不明智地在遭受兵燹的省份征收新税。他为了节省开支，还遣散了许多久经沙场的老兵。叙利亚和埃及分别被波斯占据了 12 年与 10 年之久，此时尚未恢复旧日的秩序。另外，两个地区还都陷入了宗教纷争之中，此前被帝国政府打击的一性论和被东正教会斥为异端的雅各派学说又在波斯人统治时期兴起。这一地区大多数人都支持这些异端观点，并对希拉克略在这些光复的地区推行正统信仰的举措怀恨在心。他们的不满心理过于强烈，以至于在撒拉逊人入侵之时选择作壁上观，拒绝援助帝国的军队，甚至帮助

---

1 指 19 世纪 80 年代苏丹马赫迪起义的两次战斗。——译者注

敌人。

　　阿拉伯人征服叙利亚的细节没有被东罗马帝国的史学家记述下来，因为他们不愿记载基督教世界的灾难。而穆斯林此时的历史记述仍在发展之中，此后的史学家对征战的记述夹杂了大量的传说，因此更适宜作为《天方夜谭》之类的故事阅读，而非作为严肃编年史来研究。

　　但战争的大致经过还是可以重构出来的。撒拉逊人在阿布·奥拜达的率领之下从荒漠出征，在城中内应的协助下夺取了帝国在叙利亚东部边境的城市波斯特拉。罗马人集结起部队将他们驱逐，然而在7月，撒拉逊人在以土利的艾吉纳丁（伽瓦特）再次取得胜利。因这次惨败而完全警觉起来的希拉克略，将东部边境的全部军团集结起来，兵员总共有6万人之多。大军穿过约旦，准备夺回波斯特拉。阿拉伯人在约旦河东侧的支流——希罗马克斯河的浅滩列阵迎战，随后双方进行了一整天的血战。罗马人把敌人一路逼退到他们营地附近，然而在勇士哈立德的率领之下，阿拉伯人用最后冲击逆转了近乎必败的战局。希拉克略的披甲骑兵、亚美尼亚与伊苏里亚的弓箭手、坚实的步兵枪阵，都无法抵御阿拉伯人的凶悍冲击。他们的将军高喊："天堂就在前方，退后就是地狱！"罗马军团则被逐一击溃。

　　约旦河以东的叙利亚领土就此在这次恶战之中陷落。这一地区最坚固的堡垒大马士革进行了绝望的抵抗，然而在635年初也被攻破，居民惨遭屠戮。灾难迫使已步入花甲之年、健康大不如前的希拉克略再度踏上战场。但他也对战局无能为力，埃莫萨和赫利奥波利斯在他眼前惨遭洗劫。在一系列失利之后，他赶往耶路撒冷，带走了5年前他以盛大的仪式送还的真十字架，返回君士坦丁堡。他即将抵达时，得知士气低落而心怀不满的士兵们在大敌当前之时立一个名叫巴内斯的人为皇帝。尽管叛乱被迅速平息，但安条克、哈尔基斯以及整个北叙利亚在同一时间落入阿拉伯人之手。

更大的灾难还在后面。次年，即 637 年，耶路撒冷在抵抗了一年多之后陷落。当地居民拒绝向哈里发本人之外的任何军事指挥官投降。于是年迈的哈里发欧麦尔离开荒漠，荣耀地进入这座先知穆罕默德所说的麦加之外最神圣的城市。牧首索弗仑尼乌斯受命引领征服者在城中参观，当他看到这个阿拉伯人站在圣母教堂圣坛的前方时，他高声喊出："看呐，如先知但以理所说，'那行毁坏可憎的，已经站在圣地之前了'。"哈里发没有侵占任何基督教的大型建筑，而是在所罗门神殿的原址建起壮观的清真寺，即后世所谓的圆顶清真寺。

希拉克略在最后岁月悲惨至极。水肿的皇帝在君士坦丁堡的病榻之上气息奄奄，他的长子君士坦丁代他指挥作战。638 年，试图收复北叙利亚的皇子遭遇惨败；次年，阿拉伯人在阿穆尔的率领之下，向西穿过苏伊士地峡，突入埃及。经过两年的征战，罗马帝国的粮仓就此被阿拉伯人征服，而当希拉克略在 641 年 2 月逝世时，罗马帝国在埃及的领土只剩下亚历山大里亚一座孤城了。

在不幸的希拉克略失去叙利亚和埃及的 10 年间，他东方邻国的遭遇更加悲惨。阿拉伯人在进攻叙利亚的同时也开始进攻波斯。卡迪西亚（636 年）和亚鲁拉（637 年）的两次大胜让穆斯林控制了整个波斯西部。萨珊王朝的末代国王伊嗣埃在 641 年集结的最后部队，在纳哈万德被敌人屠戮殆尽。他逃到突厥人那里寻求庇护，而他远达印度边境的帝国则完全落入征服者手中。

希拉克略曾两次结婚，而他和结发妻子尤多西亚生下的儿子君士坦丁理当是他的继承人。然而希拉克略的第二任妻子是他的侄女马尔提娜。这种乱伦行为是相当严重的丑闻，也是在其他方面无可指摘的希拉克略一生最大的污点。野心勃勃、热衷阴谋的马尔提娜成功说服年迈的丈夫，让自己的长子希拉克伦纳斯与异母的兄长君士坦丁共治。

这样的安排，其结果之恶劣可想而知。宫廷和军队很快分裂为两派，分别支持两位小皇帝，在东罗马帝国最需要集中精力抵御撒拉逊人时，他们却因为宫廷内讧而分心。就在两位皇帝的争斗即将引发公开内战之时，执政仅仅几个月的君士坦丁三世骤逝。新皇帝被后母毒杀的流言广为流传，人们相信她的目的是让儿子希拉克伦纳斯成为唯一的皇帝。元老院与拜占庭城的居民都无法接受如此大逆不道的行为，因为逝世的君士坦丁留下的幼子君士坦斯虽然理当是君士坦丁的继承人，却被排除出了皇位继承。希拉克伦纳斯独自执政仅仅几个星期之后，东部的军队与君士坦丁堡的市民便共同发声，要求为君士坦斯加冕，让他与叔父共治。希拉克伦纳斯惊恐地妥协了，然而这仅仅给他争取了一年的时间。642年夏，元老院宣布将希拉克伦纳斯废黜，君士坦斯的随从随即将他和他的母亲逮捕并流放。胜利者下令切掉了马尔提娜的舌头和希拉克伦纳斯的鼻子——这是东方的残酷肉刑首次应用于皇室，然而绝非最后一次。

君士坦斯二世在642—668年独自统治帝国，而他的儿子与继承人君士坦丁四世则在668—685年执政。两人都是强势、坚定的军人君主，继承了希拉克略的英勇。他们的主要成就，正是全力抵御了撒拉逊人的进攻，让帝国保全了绝大多数希拉克略逝世之时仍控制的省份。诚然，在君士坦斯二世未成年时，帝国在埃及和叙利亚的最后港口亚历山大里亚[1]和阿拉杜斯先后陷落。但撒拉逊人没能在陆上继续前进。非洲的荒漠与托罗斯山脉的关隘注定要让他们无计可施。然而危急的局势随着 656 年哈里发奥斯曼遇刺，伊斯兰世界第一次内战爆发——阿里与穆阿维叶争夺哈里发之位——而暂时缓和，帝国得到了喘息之机。控制的区域邻近罗马帝国边境的穆阿维叶——他的对手位于东方——通过与君士坦斯和谈，得以全力与阿里开战。他甚至同意在停战期间每年支付一笔小额岁贡。这份协议对帝国而言堪称无价之宝。在 27 年接连不断的战争之后，支离破碎的帝国终于得到了重建的机会。同样，撒拉逊人也希望停战。当意识到自己不可能永远胜利之时，他们旧日的狂热便大打折扣，不复当年的勇猛了。

　　结束了与意图灭亡帝国的撒拉逊人的战争之后，君士坦斯得以把注意力转向其他问题。或许就是在这一时期，即 7 世纪后半叶，在他的主持之下，帝国各省份的机构进行了大规模的重整。从戴克里先时代延续至此的古罗马名称和边境线如今已经消失，而帝国则被划分为若干名称怪异的行政区。这些行政区源自战区，每个区域都包括大批部队，即所谓的野战军。"军区"一词指的既是这支野战军部队，也指该部队防守的地区，而野战军的指挥官同样是所在军区的管理者。亚洲有 6 个军区：亚美尼亚军区、安纳托利亚军区、色雷克锡安军区、布凯拉里安军区、基比拉奥特

1　应当指出，阿穆尔和他的撒拉逊军队并没有如传说那样荒唐地焚毁亚历山大里亚图书馆之中的海量藏书。藏书在之前就已经被毁。

军区和奥普希金军区。其中前两个不难理解，来自亚美尼亚野战军和东方野战军。奥普希金军区位于马尔马拉海沿岸，名称源自皇帝的私人卫队。色雷克锡安军区源自色雷斯野战军，这支部队此前已经调到亚洲以加强东部部队。布凯拉里安军区似乎是本土部队和蛮族辅助军团的混杂，他们在君士坦斯的时代之前已经出现，或许君士坦斯所做的只是将他们集中起来，安排到某个地区。基比拉奥特军区源自潘菲利亚的基比拉港，该地是西南野战军指挥部原本的所在地。该军区的长官始终掌握着一支舰队，而这里的部队也往往作为海军使用。[1]

帝国西部似乎也有 6 个军区，名号要古老且更为人所熟知：色雷斯军区、希腊军区、塞萨洛尼基军区、拉韦纳军区、西西里军区、北非军区。而它们的名字足以说明其所在地。帝国的东部与西部在大军区之外也都有规模较小的独立军事机构，负责防卫边境的堡垒，比如托罗斯山区，或者塞浦路斯和撒丁岛。这些机构中的一部分此后发展成了独立的军区。

这么一来，旧日由奥古斯都设立、戴克里先延续的军政分离的地方政府就此终结。在撒拉逊人入侵的压力之下，地方行政官员消失了，而基于军事能力选择的军官将在未来同时负责行政与军事。

君士坦斯二世在和穆阿维叶讲和之后，理论上应当转向巴尔干半岛，肃清在希拉克略时代突入巴尔干山脉以南的斯拉夫人。但他却选择仅仅迫使斯拉夫人向他称臣纳贡，而后就向西出兵，

1　J. B. Bury, *Later Roman Empire*, vol. II，是目前对这些复杂的省份及其来源的最出色研究。

圣索菲亚的廊道

圣索菲亚大教堂庭院中的喷泉

皇后塞奥多拉和她的随从（拉文纳，圣维塔莱修道院镶嵌画）

皇帝查士丁尼和他的随从（拉文纳，圣维塔莱修道院镶嵌画）

查士丁二世十字架（藏于威尼斯）

王座上的圣母（拜占庭牙雕，出自 "L' Art Byzantin"，Par C. Bayet.
Paris，Quantin，1883。）

天主为罗曼努斯·戴奥真尼斯和尤多西亚赐福（牙雕，现存于巴黎。
出自"L'Art Byzantin"，Par C. Bayet. Paris，Quantin，1883。）

安德洛尼库斯二世跪拜天主（出自"L'Art Byzantin"，Par C. Bayet.
Paris，Quantin，1883。）

曼努埃尔·帕列奥列格与家人（同时代细密画，出自 "L' Art Byzantin"，

Par C. Bayet. Paris，Quantin，1883。）

准备把伦巴第人逐出意大利。他进攻了贝内文托公爵领地，夺取了许多城镇，甚至对公爵领首府发动围攻。但他没能夺取该城，于是转而向罗马行军，那里已经有 200 年不曾有皇帝来拜访了。皇帝的到来并没有给这里带来什么好处，甚至连万神殿的青铜瓦都被君士坦斯拆掉，送到了君士坦丁堡（664 年）。

皇帝在西方停留了至少 5 年，忙于处理意大利和北非的事务，以至于君士坦丁堡城中的人担心他会迁都罗马或叙拉吉。然而在 668 年，他被人以一种出乎意料的方式谋杀了。"当他在达夫内浴场洗浴时，他的随从用盛肥皂的盘子重击他的头部，而后逃走了。"君士坦斯伤重不治，他的儿子君士坦丁继承了他的皇位。

"浓须者"君士坦丁四世执政达 17 年，其中一半以上的时间都在与撒拉逊人交战。倭马亚王朝的创立者穆阿维叶自封为唯一的哈里发，结束了阿拉伯人的内战，随即再度进攻帝国。君士坦丁的执政以灾难开始——穆阿维叶的陆海军部队同时进攻北非、西西里和小亚细亚。但这仅仅是序幕。673 年，哈里发发动了撒拉逊人前所未有的大规模远征。一支庞大的舰队和大批陆军从叙利亚出发，对君士坦丁堡发动围攻，这是穆斯林此前从未尝试过的宏大计划。大军的指挥官是阿比德拉赫曼，另外哈里发的儿子兼继承人雅兹德也一同出征。舰队将帝国海军赶出了海洋，突入达达尼尔海峡，夺去了基齐库斯。以这座城市为基地，他们封锁了博斯普鲁斯海峡。

君士坦丁四世一生的最大荣耀，就是抵御、击败并赶走了穆阿维叶的大军。君士坦丁堡围攻战持续了 4 年，守军的顽强防御一度似乎无法抵挡末日的来临。然而新发明的使用虹吸管喷射的可燃液体（或许就是我们所谓的"希腊火"），让皇帝的舰队在海上决战中大获全胜。与此同时，陆战也取得了大胜，3 万阿拉伯人被杀。阿比德拉赫曼在围攻期间死亡，而他的继任者只能带着残兵败将向灰心丧气的哈里发复命。

极为遗憾的是，这一战，即对君士坦丁堡的第二次大规模围攻，并没有留下详细记载；没有哪位出色的同时代编年史家为后世提供更多的信息。如果君士坦丁四世有一位宫廷诗人，他或许就能和希拉克略、伊苏里亚的利奥一样，被赞誉为第三位拯救东罗马帝国的英雄。

解围之后，穆阿维叶请求和谈，放弃了所有此前征服的领土，并许诺提供为期 30 年的赔款，每年支付 3000 磅黄金。君士坦丁胜利的消息传到了世界各地，甚至法兰克王国与哈扎尔汗国的使节也来到帝国的首都，向拯救了东方基督教世界的皇帝道贺。

君士坦丁在首都抵御东方的敌人时，北方边境本要准备对抗阿拉伯人的蛮族借机侵袭了帝国的欧洲省份。斯拉夫人从内陆地区南下，对塞萨洛尼基发动了为期两年的围攻，直到君士坦丁和穆阿维叶停战之后才撤军。然而更大的危险出现在巴尔干半岛东部。保加利亚人是与芬兰人同源的游牧部族，原本居住在普鲁特河与德涅斯特河流域。此时他们渡过多瑙河，迫使默西亚的斯拉夫人臣服，并在多瑙河与巴尔干山区东部之间的地方定居下来，让这个地区至今都以他们的名字命名。他们把分散的斯拉夫部族团结起来，形成强大而统一的政治力量。新生的保加利亚注定要长期成为帝国的肘腋之患。679 年是保加利亚第一位君主阿斯巴鲁赫统治开始的年份。和穆阿维叶的长期战争让君士坦丁四世疲惫不堪，他无力将保加利亚人赶回多瑙河对岸，便默许他们定居于此。

君士坦丁执政的最后 6 年在和平之中度过。其间发生的唯一值得一提的事是 680—681 年在君士坦丁堡召开的第六次大公会议。在这次宗教会议上，基督一志论遭到了东方与西方教会的一致谴责，所有基督一志论者，无论仍然在世还是已经离世，甚至包括此前接受了这一异端信仰的教宗霍诺留，都被驱逐出教。[1]

未满 36 岁的君士坦丁四世在 685 年逝世，他年仅 16 岁的儿子查士丁尼继承了皇位。

---

1 基督一志论本是希拉克略在战胜波斯之后为调和希腊教会正统信仰与唯神性论信仰而提出的妥协论调，结果却是两不讨好，在阿拉伯大军行将入侵的危急时刻加深了埃及和叙利亚地区的分裂和不满。——译者注

第13章

第一次无政府时期

希拉克略王朝的最后一位皇帝查士丁尼二世，与我们先前介绍过的东帝国皇帝截然不同。他胆大鲁莽又自私无情，固执己见又肆意妄为。简而言之，就是典型的暴君。查士丁尼即位时还未满17岁。但很快，尚未通晓如何管理帝国的他，已经打算以举国之力供他一人享乐了。

在他即将21岁时，查士丁尼和保加利亚人开战。他突然之间发动进攻，数次击败他们，俘虏了至少3万人，并把他们迁移到亚洲，强行安排到亚美尼亚军区服役。接下来他又因为小纠纷与撒拉逊人的哈里发开战。679年的和约规定撒拉逊人应向拜占庭缴纳岁贡之后，撒拉逊人都用罗马人的索里德作为支付货币。但在692年，阿卜杜勒·马利克使用自己铸币厂铸造的货币支付，币上带着《古兰经》的经句。查士丁尼拒收这笔款项，就此开战。

他的第二次军事冒险以灾难收场。他在奇里乞亚的塞巴斯蒂奥波利斯与撒拉逊人交战时，被强行征调的保加利亚部队倒戈投敌，罗马军队随即溃败并惨遭屠戮。随后的两次交战同样以失败告终，哈里发的部队则趁机深入卡帕多西亚腹地进行袭扰。

查士丁尼的战争耗竭了他的国库。然而他依然我行我素，同时还进行了奢侈的建造计划，并为此横征暴敛以获取钱财。他安排了两个胡作非为的高级官员，分别是财政部长塞奥多托斯——曾经是修道院院长的他放弃了修道生活——与担任内帑档案官的宦官斯特凡诺斯。这两个人之于查士丁尼二世，就像雷纳夫·弗朗巴尔之于英格兰国王威廉二世，或者恩普森和达德利之于亨利七世，他们敲骨吸髓，无法无天，只为获取钱财。两人都暴戾残忍，塞奥多托斯据说把没支付税款的人绑起来用烟熏，直到他们近乎窒息才作罢。斯特凡诺斯则对所有落入他手中的人棍棒相加，据说还曾经在皇帝外出时鞭笞了皇太后，而查士丁尼返回之后竟没有处罚他。

皇帝在财政上的盘剥使他深受臣民怨恨，军队同样厌恶他。与撒拉逊人的战争失败之后，他便开始处死或囚禁麾下的军官，屠戮战败的士兵。在他的执政时期担任高级军官，就像在罗伯斯庇尔当权时担任最高统帅一样危险。

695 年，恶贯满盈的查士丁尼二世遭到了惩罚。一个名为利昂提乌斯的军官极不情愿地接任希腊军区将军，正准备赴任。他临近出发时，对朋友们说自己时日无多了，随时可能被处决。此时，一个名叫保罗的僧侣勇敢地站了出来，要求他英勇反抗以自救，说如果他决心反抗查士丁尼，他将得到人民与军队的支持。

利昂提乌斯接受了僧侣的建议，带着一批朋友冲进监狱，释放了数百名政治犯。城中人纷纷前来支援他，占据了圣索菲亚大教堂，并向皇宫发动进攻。没有人愿意为查士丁尼二世而战，皇帝很快就被叛乱者逮捕，并带到了利昂提乌斯面前。利昂提乌斯割掉了他的鼻子，将他流放到了赫尔松。塞奥多托斯和斯特凡诺斯则被交给暴动者，两人在游街示众之后被火刑处决。

利昂提乌斯篡位之后，帝国的无政府状态持续了 20 年。这位新皇帝能力有限，他当初发动叛乱仅仅是因为出于恐惧而非野心。他在皇位上仅仅坐了三年，在位期间内忧外患接连不断。亚洲边境被阿卜杜勒·马利克的部队大肆破坏，而帝国的西部地区也遭遇了重大灾难——一支撒拉逊军队从埃及出发，闯进北非，这里

塞萨洛尼基的十二使徒教堂

的守军在希拉克略王朝时期仍维持着防御。撒拉逊人攻破了一座座堡垒，最终在 697 年攻克了迦太基，彼时恰好是贝利撒留收复迦太基 165 年之后。

北非的大部分守军在迦太基城陷落之时乘船逃走。指挥官向君士坦丁堡航行，并密谋准备推翻利昂提乌斯。他们拉拢了爱琴海的帝国舰队指挥官提比略·阿普斯玛，并在他率领舰队前来会合之时为他加冕。利昂提乌斯的部队背叛了皇帝，给叛军打开了城门，而阿普斯玛就此占据了君士坦丁堡。他自封皇帝，号为提比略三世，并以同样的方式处理了被废黜的皇帝——利昂提乌斯的鼻子和查士丁尼二世的一样被切掉，而后被软禁到修道院中。

提比略三世比前一位皇帝幸运，他的军队在与撒拉逊人的战斗中取得了几次胜利，收复了查士丁尼二世和利昂提乌斯执政时期丢失的领土，甚至攻入叙利亚北部。然而这些胜利没能让提比略免于查士丁尼和利昂提乌斯的结局。臣民和军队已经失控，皇帝完全无法让他们保持忠诚，任何风吹草动都足以动摇他脆弱的皇权。

此时，被流放的查士丁尼已经抵达了克里米亚半岛的希腊城市赫尔松，那里距离今天的塞瓦斯托波尔不远。这里是帝国最北方的前哨站，在承认帝国宗主权的同时保持着自治地位。查士丁尼在困境之中，展现了令同时代人惊异的坚定。他逃离了赫尔松，前往亚速海以东的哈扎尔汗国投奔可汗。这个流亡君主靠逢迎博得了可汗的欢心，后者把妹妹嫁给了他，她也受洗并改名塞奥多拉。然而提比略三世给了哈扎尔人大笔钱财，贿赂他们交出查士丁尼。背信弃义的可汗打算接受贿赂，就派两个军官来逮捕自己的新妹夫。查士丁尼从妻子那里得知了消息，他便大胆用计，请其中一名哈扎尔人先来与他密谈，而后突然将他扼死，接下来他故技重施杀了另一人，在可汗的秘密计划泄露之前先将其化解。

他就此趁机逃亡，带着几名和他一同被流放的朋友与仆从登上一艘渔船，进入黑海。他们在航行时遭遇了风暴，船舱大量进水。查士丁尼的一名同伴请求他向上帝祈祷，许诺在他死去之前宽恕他的敌人们。然而皇帝的坚定并非风暴所能动摇，他回答道："如果我会在登岸之后饶恕任何一个敌人，愿上帝让我立刻淹死！"航船驶出了风暴，而查士丁尼也得以继续履行这个残忍的誓言。他在保加利亚境内上岸，不久之后便得到了当地国王特尔维尔的支持——他本就打算入侵帝国，流亡君主正好是绝佳的开战借口。在保加利亚大军的支持之下，查士丁尼出现在君士坦丁堡城下，并在夜里通过布拉赫内宫附近的通道进入城内。双方没有开战，因为提比略的随从们和之前利昂提乌斯的随从们一样，背叛了他们的君主（705 年）。

查士丁尼二世兵不血刃复位，而臣民也开始遗忘他的残暴，怀念希拉克略王朝的统治。然而他们很快就会明白，他们之前根本不应让他活下来，还应该全力阻止他入城。查士丁尼冷酷无情，只想报复他 10 年前遭受的肉刑。他第一个举动就是把曾经登上皇位的两个篡位者抓来。利昂提乌斯被带出了修道院，提比略则在逃到亚洲之前被抓获。查士丁尼把他们绳捆索绑，游街示众，而后把他们绑在大赛车竞技场中皇帝包厢皇位的两边。他端坐皇位，把跪下的两人当作脚凳，他的随从们则高声诵读《圣咏集》第 91 篇："你必践踏猛狮和毒蛇。"这句颂歌化用了篡位者的名字，用"Leon"（狮）和"Asp"（蛇）代指利昂提乌斯和阿普斯玛！

特意炫耀了一番之后，两个前任皇帝就被斩首了。随之而来的是一段恐怖的统治时期，查士丁尼要履行他的誓言，对所有参与废黜他的人进行报复。他把利昂提乌斯执政时期所有主要文武官员全部缢死，并把为两人加冕的牧首刺瞎。而后他开始残害地位更低的人。君士坦丁堡中许多颇有地位的市民被缝进袋中扔进博斯普鲁斯海峡溺死，大批士兵被斩首。他还派了一支远征军渡海赶往赫尔松——皇帝的流放地，因为他对当地居民怀恨在心。城市的自治政府首脑被逮捕并押往首都，查士丁尼把他绑在烤肉叉上活活烤死。

这些暴行只不过是查士丁尼倒行逆施的典型例子。短短几年间，他就折腾得民怨沸腾，甚至可以说，他在第一次执政时还要比此时更受欢迎。

结局在 711 年到来。一个名叫菲利皮库斯的将军发动了叛乱，趁查士丁尼在锡诺普时夺取了君士坦丁堡。暴君的部队在菲利皮库斯抵达时放下武器，而皇帝被立即逮捕并斩首——这样的结局可以说便宜了这个恶魔。征服者也杀死了皇帝的小儿子，即查士丁尼在流亡期间与哈扎尔可汗的妹妹所生的提比略。希拉克略家族在统治了 5 代、掌控君士坦丁堡的皇位 101 年之后，就此绝嗣。

随后的 6 年里，帝国彻底陷入无政府状态。野蛮与凶恶的查士丁尼早在复位之前就已经打垮了帝国的军心。军队与国家政府中一切事务都陷入了混乱。帝国需要一个英雄来拯救，在混乱之中重建帝国的秩序与政府体系。但这样的英雄没有立刻出现，反而是混乱仍然在不断蔓延。

菲利皮库斯取代查士丁尼，对臣民而言是前门驱虎，后门进狼。新皇帝是个只知享乐的人，终日玩乐，把国事丢在一边。不到两年的时间，他的书记官阿尔特米奥斯·阿纳斯塔修斯就发动反叛将他推翻。菲利皮库斯被刺瞎双眼，赶出宫殿，被软禁在修道院中，过着清苦的生活。但推翻菲利皮库斯的宫廷阴谋没能让军方满意，不到两年，奥普希金军区的部队就推翻了阿纳斯塔修斯，把皇冠交给了一个受人尊敬但名声不大的税官——狄奥多西乌斯。这位"狄奥多西三世"比之前的篡位者要仁慈，他没有伤害阿纳斯塔修斯，让他安然进入修道院隐居。

与此同时，帝国的管理体系已经明显崩溃了。"帝国与首都的事务无人管理，国家日渐衰颓，学术教育消失，军队纪律涣散。"保加利亚人和撒拉逊人再度开始破坏边境省份，而且他们的部队一年比一年深入。哈里发瓦利德见到如此良机，决定在叙利亚组建大规模舰队，准备围攻君士坦丁堡。没有人能阻止他，本应当用于防御的部队正忙于参加阿纳斯塔修斯与狄奥多西乌斯的内战。撒拉逊人的征服非常顺利，重要城市纷纷陷落，包括泰安那（710年），阿玛西亚（712年）和皮西迪亚的安条克（713年）。他们在716年突入弗里几亚，开始围攻阿莫利阿姆要塞。在撒拉逊人似乎必将取胜之时，注定要拯救东罗马帝国的英雄出现了。

这位英雄正是伊苏里亚的利奥，是在此前10年的灾难之中剩下的少数几个仍有威望的军官。他此时是安纳托利亚军区的将军，管理卡帕多西亚和利堪尼亚。在使用诡计使撒拉逊人停止围攻阿莫利阿姆之后，利奥决心推翻无能的狄奥多西乌斯，于是向博斯普鲁斯海峡进军。

这位不幸的皇帝本就不曾谋夺皇位，自然不会留恋权力。他仅仅派出部队和利奥的部队进行了一次交战，失败之后，他召来牧首、元老院以及朝廷的主要官员，指出撒拉逊人的入侵迫在眉睫，内战又已经爆发，他本人不想再管理帝国事务了。与会者随即宣称接受利奥为新君主，利奥在 717 年初春正式加冕。

狄奥多西乌斯安然返回以弗所隐居，而他死后，墓碑上按照他的遗愿，仅仅刻下了"健康"这个词。

第 14 章

撒拉逊人再临

在撒拉逊人大规模入侵之前，推翻了狄奥多西乌斯的伊苏里亚的利奥接手了最困难的任务。他的军队士气涣散，近年来只知叛乱不知抗敌；他的国库一贫如洗，政府机构一片混乱；同时，他要面对的进攻比 30 年前君士坦丁四世执政时的更为危险。此外，君士坦丁四世作为王朝的第四位皇帝，皇位稳固，军队忠诚；而利奥不过是个篡位者，在决战开始几个月之前才戴上皇冠。

此时执政的哈里发是苏莱曼，他是倭马亚王朝的第 7 位哈里发。他耗费了广阔帝国的全部人力物力，集结起一支足够庞大的海陆军队，以求建立不世功勋。远征的最高指挥官是他的兄弟马斯拉马，他率领 8 万陆军从塔尔苏斯出发，穿越小亚细亚中部，进军达达尼尔海峡，途中夺取了守备坚固的帕加马城。与此同时，与哈里发同名的维齐苏莱曼指挥着 1800 艘舰船组成的舰队，从叙利亚出发，驶入爱琴海，他率领的部队在规模上不逊于陆军。海军和陆军在达达尼尔海峡边的阿拜多斯安然会合，因为利奥已经将全部陆海军部队后撤，用来防卫首都。

717 年 8 月，伊苏里亚的利奥在加冕仅仅 5 个月之后，便看到撒拉逊人的船只驶入马尔马拉海，而敌方的陆军渡海进入色雷斯，正从西侧向首都靠近。马斯拉马命令部队建起一道从马尔马拉海延伸到金角湾的城墙，将君士坦丁堡和色雷斯之间的交通线彻底截断；苏莱曼则封锁了博斯普鲁斯海峡的南出口，也试图封锁北面的出口，阻挡来自黑海的补给品。然而利奥率领装备了恐怖的希腊火的舰队从金角湾发动攻击，将撒拉逊人通过海峡北上的舰队击溃，使他们无法有效封锁这一出口。

撒拉逊人并未打算依赖强攻，而是希望靠封锁迫使城中人投降。他们带来了足够维持长期围困的补给品，于是静坐不动，仿佛打算无限期围困一般。然而君士坦丁堡的食物储备更加丰富，每个家庭都要储备可供两年食用的粮食，所以缺粮的情况先出现在了城外围城者的军营之中，而非被围困的城中。马斯拉马和苏莱曼也没有考虑气候的问题。黑海沿岸时而会出现严酷的寒冬，克里米亚战争中的英军士兵就深切体会到了这一点。然而在717—718 年的冬季，撒拉逊人面临的境况更恶劣——霜冻持续了12 周。利奥或许会和沙皇尼古拉一样，宣称 12 月、1 月和 2 月是他最好的将军，因为这些月份的严寒天气给撒拉逊人带来了极大的损害。这些衣着单薄的东方部族无法抵御寒风，如同寒冬或干旱之中的蚊虫一般纷纷死去，维齐苏莱曼也在死者之列。同时，安居在家中的拜占庭人则受损甚微。

次年开春，马斯拉马如果无法得到陆海军支援，就只能撤围了。一支后备舰队从埃及出发，而另一支大军从塔尔苏斯赶来，占据了博斯普鲁斯海峡的亚洲一侧。

利奥并没有绝望，而是在夏季主动进攻。他的火战船纷纷冲出，焚毁了停泊的埃及舰队，而比塞尼亚的撒拉逊援军在无力地观看海军战败时，又被一支拜占庭陆军偷袭歼灭。很快，围城者开始断粮，他们的补给品已经耗竭，而他们已经把周边地区掠夺一空，无法便利地获得粮秣；若是去远方进行掠夺，又会被当地的民兵歼灭。最终，马斯拉马遭遇了新的灾难，被迫撤离。保加利亚人从巴尔干半岛南下，歼灭了西面警戒阿德里安堡方向的穆斯林军队。按当时阿拉伯史学家的说法，至少有 2 万撒拉逊人死亡，余下的部队也灰心丧气，马斯拉马只得下令撤军。剩余的舰船把陆军运到亚洲，陆海军开始返回家乡。马斯拉马返回塔尔苏斯时，出征与增援的 10 万大军只剩下 3 万人。舰队的状况更加不幸，它们在爱琴海遭遇了风暴，以至于庞大的舰队只剩下 5 艘船得以安然返回叙利亚。

撒拉逊人摧毁君士坦丁堡的最后尝试就此结束。尽管皇帝和哈里发又继续进行了 350 年的战争，围攻君士坦丁堡的计划却再也无人提起。此后的战争限于边境争夺，而非对帝国心腹之地的突击，遑论征服整个欧洲。比起同时代的法兰克国王"铁锤"查理，在穆斯林的攻击之下保护基督教世界的功劳更应归于利奥。查理击退的只是一支阿拉伯帝国边陲省份派出的掠夺部队，利奥击退的则是撒拉逊人从整个东方地区征募的、由哈里发的兄弟率领的大军。这样的失败足以向撒拉逊人证明，天意让他们无法攻破君士坦丁堡。他们旧日的狂热日渐消退，而蒙受的惨痛损失则让他们不愿再次尝试。对俗世享受与权力的贪恋，让他们不再渴望殉道，而是把战斗抛在脑后，倾向于优先享乐。

　　然而利奥在 718 年得胜之后并没能彻底免于撒拉逊人的侵袭。在此后的执政时期里，他几次遭遇撒拉逊人的入侵，好在任何一次都称不上危险。739 年，侵略部队的主力在弗里几亚的阿克罗伊农被击败之后，小亚细亚终于得以免遭撒拉逊人的控制。

第15章

破坏圣像运动

如果伊苏里亚的利奥在哈里发的大军撤离君士坦丁堡时逝世,他的历史地位会更高。然而对他而言很不幸,对东罗马帝国却是大幸的是,他继续执政了 20 年,进行了在他看来重要性与击退围城的穆斯林大军相当的任务。史学家将他进行的改革称为"破坏圣像运动",因为改革最明显的特点就是反对圣像崇拜。

这 100 年间,帝国的文化水平在衰退,文学和艺术在近乎无休无止的战争之中几乎消亡,古罗马的法学被遗忘殆尽,受过教育的官员近乎凋零,各个省份的最高管理者基本都是粗野的军人,而非罗马传统上维系帝国的旧官僚们。文化衰退的一个明显迹象就是宗教上出现了丑恶的迷信行为。这一时期,基督教开始被中世纪的各种怪异想法影响,而这些想法在 4 个世纪之前的古罗马人或者 19 世纪的我们看来都荒诞不经。大量幼稚的传说、仪式和论调在这一时期围绕着宗教的核心教义滋长出来，而忙于与一性论和一志论争辩的神学家们则无心注意或者管束这些行为。圣像崇拜与圣物崇拜发展得格外迅速，而且已经变成了纯粹的拜物行为。此时的人们认为古时的画作或者雕像全部都是神创造的，因而拥有神力。这些出色的绘画与雕塑作品成了人们膜拜的对象，拥有这样的圣像可以使一座教堂或者修道院获得大量财富，而对这些物品的崇拜，几乎已经可以和对与它们相关的圣人的尊崇相当。崇拜圣像引发的怪异行为有时候完全是荒诞不经的。例如，

主教、僧侣、君主、俗世男子与女子环绕着圣母（拜占庭细密画）

人们经常把圣像认作受洗孩童的教父；或从圣像上刮下一点颜料，在典礼上代表圣人。甚至连牧首和主教也大胆地宣称某幅著名的圣母像的手散发着香气。皇帝希拉克略远征的胜利在普通人看来并非因为他的军事才能，而是因为他携带了天降的圣母像。

这些无意义的信仰由教士灌输给信众，而信众对此深信不疑，这让那些不事神职且受过教育的上层人士大为反感。而伊斯兰教的兴起，则让他们对这种无意义的迷信更加厌恶。帝国亚洲省份的居民在这 100 年间接触了一种完全反对任何形式的偶像崇拜的宗教。东罗马帝国的臣民被邻国的穆斯林指责自己信仰的宗教日渐腐败与崇拜偶像，但考虑到自己同乡的行为，就不得不承认确有其事。

因此，当时一些意志坚定的人开始积极反对目前占据主流地位的迷信活动，其中普通信徒多于神职人员，而亚洲的支持者也远多于欧洲。伊苏里亚的利奥通过最为军事化的方式表达了他的想法，并且把这种热情传给了他的继承者们。在君士坦丁堡解围 7 年之后，他开始了针对迷信活动的圣战。他的主要攻击对象就是对偶像的崇拜，以及把圣人的地位与上帝等同的说法——尤为明显的一个例子就是圣母崇拜。他的儿子君士坦丁比父亲更为大胆，他开始打压修道院，因为他认为僧侣是最坚定的圣像崇拜者。不过利奥本人的举措仅仅停留在试图叫停圣像崇拜这种行为。

利奥最初的尝试在 725 年开始。奉他的命令，城中所有的圣像都被撤除。城中立刻发生了暴乱，暴民杀死了负责拆除宫门处的巨像"十字架上的基督"的官员。皇帝立即以一系列的处决作为回应，并在军队武力的支持下将这一政策推行到全国。

平民在僧侣的带领下坚定反对皇帝的做法，特别是在欧洲省份。他们开始编造皇帝的谣言，声称是犹太人让他去破坏圣像，或者哈里发雅兹德秘密让他皈依了伊斯兰教。尽管利奥在教义的其他问题上坚持正统，同时不反对使用十字架符号，但还是被指责为动摇了基督教的基础。对他的指控之中，程度最轻的是抨击他信仰异端阿里乌斯派。对于利奥破坏圣像的举动，反对派并没有坐以待毙。希腊和意大利爆发了严重的叛乱，经过一番战斗之后才得以平息。在意大利，帝国的主权确实就此动摇，而且再也未能重建起来。教宗们始终反对破坏圣像运动，他们对该运动的谴责让他们成为反对帝国派系的领袖。而且罗马教廷就此和伦巴第人结盟，此时后者正和之前一样，发动战争试图把东罗马驻军赶出拉韦纳和那不勒斯。

若不是利奥得到了军队的完全支持，那么他激发的民怨必将终结他的统治。然而他对撒拉逊人的胜利让他得到了全军的信任，使他敢于无视民众的愤怒，将计划进行到底。在施行宗教改革之外，他也忙于改革帝国的管理体系。他编纂了新的法典，这是查士丁尼修法典之后的第一次；使用的语言是希腊语而非拉丁语，毕竟拉丁语在巴尔干半岛已经近乎消亡。他重组了帝国的财政体系，扭转了695—717年无政府时期积累的近乎绝望的混乱情况。军队得到了他的重点关照，但最值得称道的还是他对帝国行政系统的改革。利奥即位之后，查士丁尼之后帝国经历的明显衰退似乎就此终结，而在此后的300年间，重整之后的东罗马帝国焕发了活力与能量。考虑到这个国家在7世纪经历了各种灾难，它的强势反弹令人惊异。抵御了撒拉逊人的侵袭之后，帝国重新恢复了东方霸主的地位，直到突厥人在11世纪到来为止。我们当然乐于了解利奥改革的更多细节，然而极为可惜的是，记述这一时期的那些教会编年史家忽视了他的一切功绩，以便夸大他反对圣像崇拜的恶行。利奥去世之后帝国的振奋与有序和他即位之前的无政府时期形成了鲜明的对比，这也反映了他改革的成效。

利奥在 740 年逝世，皇位由他的儿子君士坦丁五世继承，而君士坦丁决定追随父亲的脚步。新皇帝是出色的军官，也擅长理财，但他一生大部分的精力都花费在对抗崇拜圣像者上。利奥用鞭笞惩罚他眼中的妄信者，而君士坦丁则使用蝎毒。他是个真正的迫害者，除了和他父亲一样处决叛乱者之外，还处决了所有激怒他的反对者。因此他引发的民怨远超利奥三世，而史书也记下了对他极为冒犯的绰号——"便溺者"[1]。

尽管君士坦丁强势而机智，其能力却远不及其父，而他的执政时期尽管整体而言可谓成功，却也遭遇了一两次灾难。被保加利亚人两度击败称不上重大挫折，而有一次失败虽不危险却最值得提及，这就是伦巴第人于 750 年占据拉韦纳等东罗马帝国在意大利中部的领土。当时，同样遭伦巴第人攻击的罗马教宗司提反并没有向皇帝求援，而是向法兰克国王丕平求援。教廷从此出于实际需要而依赖法兰克王国，而非拜占庭帝国。然而，考虑到君士坦丁多次成功击败了撒拉逊人、斯拉夫人与保加利亚人的入侵，失去遥远的拉韦纳外督区似乎也称不上大事了。

但在君士坦丁本人和当时人看来，他执政时期最重要的事情是他对宗教问题的处置。他在 761 年于君士坦丁堡召集 338 名主教召开宗教会议，宣称崇拜圣像的做法违反了基督教的信条，应

---

1 崇拜圣像派在留下的编年史中声称，仍在襁褓之中的君士坦丁五世曾在受洗时便溺。——译者注

当受到谴责。圣像崇拜的性质自此由迷信升级成了异端。次年，在发现僧侣们坚定地支持圣像崇拜后，他下令对修道院发动"圣战"。他首先禁止修道院接受新的僧侣，并在不久之后开始全面关停修道院。据说他强迫许多修士结婚，其他很多修士则被流放到塞浦路斯岛。很多人遭到鞭笞和囚禁，而其中一些上层人士则被处决。这些不明智的举动收到了应得的结果：被他杀死的僧侣被所有人视为殉道者，而这些僧侣所属的崇拜圣像派也得到了更多公众的支持。

君士坦丁五世迫害僧侣的热情一直延续到他于 775 年逝世，继承皇位的是他的儿子利奥四世，一个和父祖一样的破坏圣像派。不过利奥四世采取的是祖父的温和手段，而非父亲的激进手段。他仅仅执政 4 年就因为结核病而早逝，其间唯一的重大事件就是在 776 年大胜撒拉逊人。他年仅 10 岁的儿子君士坦丁六世继承皇位，而皇太后伊琳妮成了唯一的摄政者，她的名字也和儿子一起出现在所有国家法令之中。

伊苏里亚王朝将在恐怖而违反人伦的悲剧之中终结。皇太后伊琳妮聪明、强势而受公众欢迎，她在摄政政府之中的权力激起了她的野心。她为讨好民众和教士，停止了对崇拜圣像者的迫害，并在政府机构和军中安插自己的党羽。她得以安然摄政 10 年，并且变得傲慢而自负，甚至不愿意让自己的儿子参与政务，拿到本属于他的政治遗产。在儿子成年之后，她依然不许他参与国事管理，还迫使他与自己选定的新娘成婚。君士坦丁既不算早熟，也称不上不孝，然而他在 22 岁时还是发动政变推翻了母亲的统治，掌控了国家。伊琳妮甚至试图动用武力与儿子交战，然而君士坦丁还是宽恕了母亲，在软禁了她一段时间之后就恢复了她此前的地位。但这个凶恶的母亲没有默许自己儿子掌权，而是依然想要自己控制帝国政府。此后，帝国与保加利亚的战争以惨败告终，君士坦丁也因为想和本非自己所选择的妻子离婚而与教会发生了争执，伊琳妮就此抓住了机会。不过值得一提的是，伊琳妮所依赖的实际上是普通民众，因为她摄政时停止迫害崇拜圣像者，而君士坦丁六世恢复了此前皇帝们的政策，成为坚定的破坏圣像派。

797 年，伊琳妮认为进攻儿子的机会已经到来，于是命令她的爪牙抓住了年轻的皇帝，将他刺瞎，并抢在他的支持者赶来之前将他送进修道院软禁。伊苏里亚王朝的统治就此结束，然而君士坦丁本人虽然退位成为盲眼的修士，好在性命无忧，他还经历了此后至少 5 个执政者的统治。

残忍的伊琳妮在她非法获得的皇位之上度过了 5 个纷扰不断的年头。外部叛乱不断，内部阴谋不休。唯一令人惊讶的是她居然能执政如此之久，或许是她宗教上的正统思想让一些臣民忘记了她篡夺皇位的残忍手段。结局直到 802 年才到来，财政大臣尼基弗鲁斯在少数宦官和部分朝官的支持下，悄然将她逮捕并送到哈尔基岛的修女院中。没有人为这个残忍的皇太后而战，尼基弗鲁斯就这样悄然继承了皇位。

尽管伊琳妮执政时期本身没有多少可说的内容，然而自从帝国建立之日起就在勉强维持的罗马与君士坦丁堡的关系，在这一时期彻底决裂。800 年，教宗利奥三世给法兰克国王查理加冕，让他成为罗马皇帝，并将原本对君士坦丁堡名义上的效忠转向新皇帝。自从君士坦丁五世时的意大利叛乱起，这种效忠关系已名存实亡，教廷事实上处于法兰克人的影响之下。但直到 800 年，最终的分裂才到来。破坏圣像运动引起的争议为分裂创造了前提

圣索菲亚大教堂近景

条件，而一个女人坐上帝国的皇位更是给了教宗一个绝佳的借口。利奥宣称妇女执政不合常理、离经叛道，自己有义务将其终结，在意大利推举一位新的西帝国皇帝。当然，这样的行动没有任何合法性，查理大帝也称不上霍诺留和"小奥古斯都"罗慕洛斯的继承者，但他统治着原本西罗马帝国近一半的领土，与伊琳妮此时统治的帝国规模相当。而后，从 800 年起，欧洲再次出现东罗马帝国与西罗马帝国并立的情况。在接下来的历史中，为了方便叙述，我们将使用"拜占庭"来代指君士坦丁堡政府统治的帝国。

第 16 章

破坏圣像时代的终结

虽然利奥三世建立的伊苏里亚王朝终结了，但破坏圣像运动还远没有结束，在君士坦丁六世被废黜之后，它依然以相对温和的方式延续了半个多世纪。斗争的根源与之前依然相同——政府和亚洲省份的居民支持破坏圣像，而教士和欧洲省份的居民支持圣像崇拜[1]。因此，有个值得一提的有趣现象：在 9 世纪的大部分时间里，出生在帝国东部的皇帝登上皇位之后便坚持伊苏里亚的利奥的信条；而崇拜圣像者最终胜利是因为一个来自某个欧洲军区的人——马其顿的巴西尔登上了皇位。他创立了自己的王朝。

推翻伊琳妮并掌控帝国的财政部长尼基弗鲁斯来自东部。他的祖先是信仰基督教的阿拉伯王公，在伊斯兰教兴起时被赶出了

---

1 "Iconodules"，直译类似于圣像的奴隶，尽管是蔑称，倒也基本属实。

家乡，他的家族此后便居住在小亚细亚。因此尼基弗鲁斯支持破坏圣像可谓合情合理，他拒绝追随伊琳妮的先例恢复圣像崇拜。和伊苏里亚王朝的皇帝们不同，他并没有迫害崇拜圣像者，却也不给他们任何支持。在这样的情况下，我们自然会在下个世纪的修士撰写的编年史中读到充满污蔑的记述。他被称作伪君子、暴君与守财奴，但我们从他执政的 9 年中找不到关于这些罪恶的确凿证据。然而他也称不上幸运的统治者，因为尽管他轻易平息了几次不满的将军发动的叛乱，在对外战争中却并不走运。哈里发哈伦·拉希德给他的亚洲省份造成了相当大的破坏，一路劫掠到安卡拉周边地区。尼基弗鲁斯屈辱求和并支付大笔战争赔款之后，才得以签署停战协议。然而更大的灾难源自另一场战争。尼基弗鲁斯在 811 年亲自远征保加利亚，惩罚在色雷斯掠夺的保加利亚君主克鲁姆。拜占庭军队初战告捷，劫掠了保加利亚的首都和宫殿，但几天之后尼基弗鲁斯就因为疏忽而遭到敌人夜袭劫营。皇帝本人在混乱中被杀，他的儿子兼皇储斯塔乌拉基奥斯则受了重伤。溃败的部队一路败退到阿德里安堡，把皇帝的遗体留给了保加利亚人。保加利亚人砍下皇帝的头颅，把他的头骨当酒杯，和 300 年前伦巴第人处理库尼蒙德国王头颅的方式一样。[1]

　　斯塔乌拉基奥斯作为尼基弗鲁斯唯一的儿子，被拥立为皇帝，但很快人们就发现他的伤无药可治。于是他的姐夫、与尼基弗鲁斯一世的长女成婚的米哈伊尔·兰加别，在斯塔乌拉基奥斯咽气之前就登上了皇位。

　　米哈伊尔一世是个和善却软弱的人，他能登上皇位全靠婚姻

1　见第 9 章。

带来的机遇。他信仰虔诚，仰慕修士，执政之后就开始废除他岳父的政策，转而把所有破坏圣像派的官员解职。破坏圣像派这个强大的政治力量因此被激怒，开始密谋对付米哈伊尔。米哈伊尔本来可以维持皇权，但因保加利亚战争的屈辱战败而失去权力。他让这个东罗马帝国此前不屑一顾的敌人肆意妄为，他们不但在色雷斯地区劫掠，还夺去了重要堡垒墨森布里亚和安西亚洛斯，而后一路抵达君士坦丁堡城下。不满的军队发动了哗变，功绩与能力都堪称出众的亚美尼亚的利奥被立为皇帝。执政两年（811—813 年）的米哈伊尔一世没有抵抗，隐退到修道院之中。

亚美尼亚的利奥让军队得以重振信心。保加利亚人出现在君士坦丁堡城下，但最终被击退了。不过利奥的荣耀因为他意图借会谈谋害保加利亚的君主克鲁姆而染上污点。这样的背信弃义既未成功也无必要，毕竟皇帝应当依靠剑，而非匕首。次年春季，利奥主动出击，抵达墨森布里亚，在决战中将敌人打得大败，几乎将他们全部血腥屠戮，以至于保加利亚在接下来的 50 年都没有制造多少纷扰。

他结束了与保加利亚的战争之后，就立刻着手推进破坏圣像运动。来自东部的他自然支持伟大的同名者——伊苏里亚的利奥三世的观点，决定推翻米哈伊尔一世支持僧侣的政策。谨慎的他试图寻找一条折中的路线，以调和破坏圣像派与崇拜圣像派的矛盾，然而这不但无果而终，反倒让他落了个两面派的名声。利奥的想法是，允许使用圣像，但必须挂在高处，以免公众触摸亲吻。这无法让任何人满意。一方面，牧首和僧侣们抗议移动圣像；另一方面，亚洲的士兵也发动暴乱，冲进教堂之中捣毁各式画作与雕像。利奥统治的 7 年中，教会时时发生内讧。然而也应当指出，没有任何人被他下令处决。反对皇帝的最大势力是僧侣，而他们因为违抗皇帝的命令而被流放到偏远的修道院里。在执政结束之前，利奥就被迫放弃之前的调和政策，下令禁止使用圣像。和君士坦丁五世一样，他召开宗教会议，为他的举措寻求支持，而大多数东部的主教坚持认为圣像崇拜是异端，谴责牧首尼基弗鲁斯和所有支持圣像崇拜的教士。

在利奥的执政时期内，帝国在宗教问题之外的其他方面堪称成功。然而利奥本人却没能善终。帝国最出色的将军阿莫利亚的米哈伊尔被人指控谋反，利奥将他投入监狱，却没有处决他，也没有逮捕他的同谋们。米哈伊尔在宫中有许多朋友，他们决定在皇帝查出他们之前先下手为强。他们计划混进利奥的私人礼拜堂，在圣诞节当天清晨的仪式上，将向来不带武器前来礼拜的利奥杀死。混进来的密谋者们在唱诵圣歌时攻击皇帝。利奥抓起圣坛上沉重的铁十字架招架，但终究抵挡不住，在圣坛之下被乱刀刺死（820 年圣诞节）。

阿莫利亚的米哈伊尔得以离开牢房，接受山呼万岁，带着还没拆掉的脚镣被加冕为皇帝。典礼结束之后，他们才找来铁匠打开镣铐。

米哈伊尔原本不过是个普通的农民，他凭着自己的勇气和才干登上高位。他有时被称作"阿莫利亚的"，因为他出生于弗里几亚的阿莫利阿姆，但人们往往称他为"口吃者"。亚美尼亚的利奥登基之时，他是利奥的朋友和幕僚。因此，即使自己的君主与恩人并非他亲手所杀，但他的阴谋仍然可以说是忘恩负义的。

米哈伊尔虽然粗野不文，却有相当的才能。他通过和伊苏里亚王朝的余脉、皇帝君士坦丁六世的女儿尤弗洛斯内成婚，巩固了自己的皇权。对于宗教上的问题，他的处理态度就是完全不干涉，这样就不会冒犯破坏圣像派与崇拜圣像派。他把被亚美尼亚的利奥流放到偏远修道院之中的僧侣召回，并宣布未来所有臣民都可以在这个有争议的问题上进行讨论。这一政策远不能让圣像崇拜者满足，因为他们希望米哈伊尔下令让圣像重回曾经的地位，然而米哈伊尔不可能批准此事，因此在教会之中，米哈伊尔虽然得到了一些支持者，但其人数相当有限。

由于武装篡位者本来就没有资格登上皇位，因此在其执政时期爆发叛乱再正常不过了。米哈伊尔二世同样如此。尽管他最终处决了叛乱的主谋托马斯和尤菲米奥斯，但也因为平叛而丧失了帝国两个重要的省份。在托马斯发动叛乱期间，来自亚历山大里亚的撒拉逊人入侵克里特岛，并征服了整个岛屿。米哈伊尔腾出手来之后，两次派出舰队驱逐这些入侵者，然而都以失败告终，克里特岛此后被穆斯林占据了一个世纪。不计其数的海盗将克里特岛上的几百个港口当作据点，成为黎凡特商贸活动的最大阻碍。而且在帝国舰队缺乏杰出指挥官或不能保证海防警戒时，海盗也严重地威胁到了帝国。

在西西里岛，尤菲米奥斯发动的叛乱引入了来自北非的摩尔人。他们在827年登陆，并占据了一个稳固的桥头堡，击退了帝国的反击。他们起初的进展速度并不快，但在米哈伊尔之后的几任皇帝在位时期，他们步步为营，征服了全岛。

执政9年之后，阿莫利亚的米哈伊尔二世在皇位上安然去世。帝国已经50年不曾有过在皇位上安然逝世的君主了。他的继承者是他的儿子塞奥菲罗斯，一个激进的破坏圣像派。他父亲尚在世时，他的迫害欲望受到了约束，而他的即位也就意味着对崇拜圣像者的新战争爆发了。他任命同样是坚定的破坏圣像派的语法学家约翰担任君士坦丁堡大牧首，把所有敢出言反对的崇拜圣像者革除教籍，并开始对崇拜圣像派的领袖处以鞭笞、流放和囚禁的刑罚。他的迫害几乎和君士坦丁五世的一样残酷，虽然他并没有动用死刑，但屡屡使用刺字烙印等折磨手段。

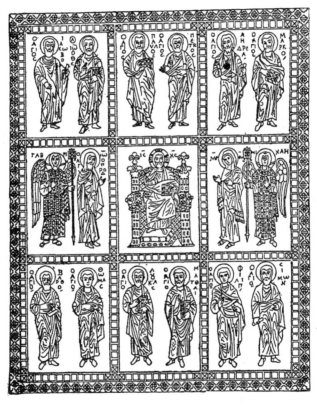

天主与十二使徒（拜占庭金属艺术品）

崇拜圣像者把塞奥菲罗斯执政时期帝国对阵撒拉逊人时的惨败视作上帝的复仇。塞奥菲罗斯与哈里发穆塔西姆开战，起初，塞奥菲罗斯夺取并焚烧了扎佩特拉这座对哈里发而言十分重要的城市。[1] 这让穆塔西姆怒火中烧，他发誓要摧毁对塞奥菲罗斯而言最重要的城市作为报复。他率领 13 万人从塔尔苏斯出征，这是自717 年马斯拉马围攻君士坦丁堡之后集结的规模最大的一支撒拉逊军队，据说所有人的盾牌上都写上了"阿莫利阿姆"——这是塞奥菲罗斯先祖居住的地方，也是他的出生地，穆塔西姆发誓要将此地洗劫一空。哈里发的部队击败率军亲征的塞奥菲罗斯的同时，穆塔西姆亲自率领主力部队直扑阿莫利阿姆，守军英勇抵抗了 55 天之后，哈里发攻入了城市，城中 3 万居民被屠杀，城镇被焚毁。好在大仇得报的哈里发心满意足，就此撤军，帝国在这次危险至极的入侵中遭受的损失也就到此为止。帝国与撒拉逊人的战争依然继续着，但此后再没有因战败而遭遇新的灾难。

有关塞奥菲罗斯，可以记载的不只是对崇拜圣像者的迫害以及与哈里发之间的战争。他因为热衷奢华炫耀而为后人所知。在东罗马帝国皇帝之中，他似乎是最喜欢制造金银珠宝和刺绣制品的一位。他制造的金棕榈树成了东方尽人皆知的奇观，而皇座边使用精巧的机械驱动、能够起身怒吼的金狮，更是成为传奇故事，流传了许多代。

关于他第二次婚姻的一个奇怪的小插曲也应当提一下。结发妻子去世之后，他请求皇太后尤弗洛斯内从东罗马贵族的女儿中挑选美貌者作为候选人，由他亲自选后，像手中拿着金苹果的帕里斯一样。他的目光最早落在美貌的伊卡西亚身上，但他尴尬的开场白却是"世上的绝大多数恶都源自女人"。她反唇相讥，指出

---

1 据说这里是他本人或者他母亲的出生地。

世上的绝大多数善也来自女人。不满的塞奥菲罗斯立即把金苹果交给了另一个候选人塞奥多拉。这个仓促的决定并没有带来幸福。塞奥多拉是虔诚的崇拜圣像者，一生都竭尽所能与丈夫的宗教观点对抗。

塞奥菲罗斯在 842 年逝世时依然很年轻，他唯一的儿子——3 岁的米哈伊尔继承了皇位，由年轻的皇太后摄政。自丈夫下葬的那一刻起，塞奥多拉便开始推翻他的政策。在僧侣和君士坦丁堡居民的支持之下，她宣布终止对崇拜圣像者的迫害，将被流放的崇拜圣像者从流放地召回，并罢免了支持塞奥菲罗斯的破坏圣像派大牧首——语法学家约翰。皇太后掌权不到 30 天，君士坦丁堡的所有教堂里都挂上了圣像。破坏圣像派似乎对此猝不及防，没有抵御这一次变革。不过皇太后没有迫害他们，仅仅让他们失去了权力，而非生命或者肢体。这场漫长的运动所留下的永久影响只有一个怪异的妥协，即东方教会不再制作人形雕像了。此外，雕像也不再竖立在供人参观膜拜的位置，取而代之的是绘画和镶嵌画。他们应当是认定塑像与多神教的偶像过于类似，而画作却不会有所冒犯，可以作为描绘形象的虔敬代表，但也仅此而已。即使如此，拜占庭帝国对圣像的尊崇确实与偶像崇拜相差无几，并因此产生了许多怪异的迷信行为。

忙于处理宗教问题的塞奥多拉把自己的儿子托付给兄弟巴尔达斯进行教育。巴尔达斯与塞奥多拉共同执政，并在此后升为恺撒。他抚养米哈伊尔时毫不尽责，甚至在小皇帝面前随意展现自己沉湎酒色的一面。米哈伊尔则有样学样，还没到 21 岁就已经成了公认的酒鬼，在历史上也留下了"醉鬼米哈伊尔"的恶称。他成年之后开始对舅父感到不满，并将其刺杀，以便自己掌控大权。

他的放荡无度在巴尔达斯死后变本加厉，若不是拜占庭帝国组织体系很出色，帝国的管理早就崩溃了。米哈伊尔独掌大权后厌倦了国事，将全部时间都花在享乐上，把他的跟班——马其顿的巴西尔立为恺撒，让他处理政务。巴西尔能成为内廷总管完全是因为皇帝的宠信。他出身低微，据说最初为米哈伊尔效力时身份是马夫。他的个人能力，加上在漫长的酒会之后依然能保持清醒的坚强意志，赢得了米哈伊尔的赞赏。他就这样成了皇帝的内廷总管，并随后升任恺撒。巴西尔看似只是个酒色之徒，却在心里隐藏着极大的野心。当他得知自己酗酒的恩人受整个东罗马帝国怨恨之后，便毫无顾虑且忘恩负义地将他谋杀。就这样，醉酒熟睡的米哈伊尔被刺客刺死，而他出身低微的副手占据了他的皇宫，自立为帝。[1]

一个由醉鬼一手提拔起来、通过谋杀恩人的方式成为皇帝的人，本应招致东罗马帝国的集体反对。然而奇怪的是，巴西尔建立的王朝是以君士坦丁堡为都城的朝代中持续时间最久[2]的一个。比起之前那个令帝国蒙羞的皇帝，他的能力事实上要强很多。他和许多幸运的人一样，假手他人完成自己能力和知识所不足以处理的问题。

---

1 恺撒巴尔达斯执政时期，米哈伊尔的另一位舅父佩特伦纳斯在小亚细亚东部的拉拉康河击溃了穆斯林军队，麦利蒂尼埃米尔阿穆尔阵亡，帝国东部防务的一个重要威胁就此大为削弱。另外，这一时期的史料都编纂于马其顿王朝，自然或多或少地会抹黑米哈伊尔三世。——译者注
2 此处原文有误。马其顿王朝的持续时间是867—1025年，共计158年，但持续时间最久的一个拜占庭王朝应当是1258—1453年的帕列奥列格王朝。即使减去以尼西亚为都城的1258—1261年，以君士坦丁堡为首都的1261—1453年来计算，依然有192年之久。——编者注

巴西尔执政时期的最大贡献就是再度编纂了帝国的法律，取代了伊苏里亚的利奥的《法典选编》，而在此之前利奥的法典已经取代了更严密、更全面的查士丁尼法典。巴西尔颁布的《君主法典》，经过他儿子利奥六世的增补，成为拜占庭帝国灭亡前一直使用的法典，中间再无人重修。

出生在欧洲的巴西尔与之前的亚洲皇帝们不同，支持东正教的圣像崇拜。他顽固地迫害保罗派——一个受摩尼教思想影响的亚洲异端教派，而之前的破坏圣像派皇帝们向来选择容忍这个教派。巴西尔的迫害让保罗派的许多人投靠撒拉逊人，在穆斯林的庇护之下劫掠帝国的边境。

除了上述内容，在巴西尔 17 年的执政时期（867—886 年）中，唯一一件值得一提的事情就是丢失了西西里岛。北非的撒拉逊人在米哈伊尔二世执政时期夺取了岛上的部分领土作为桥头堡之后，终于在 878 年攻破了西西里岛的首府叙拉古。

第 17 章

学者皇帝

马其顿人巴西尔逝世之后的 80 年是帝国历史上相对而言最单调与安稳的时期。这一时期的两位皇帝，"智者"利奥六世和"紫衣贵胄"[1] 君士坦丁七世，他们分别是王朝创立者的儿子和孙子。巴西尔只是个冒险者，是一个无知寡学却能力出色的篡位者。他的两位继承者却与他截然不同，都是温和而懒散的儒雅学者。即使此时依然属于适宜建立战功的时代，他们却没有用长剑书写时代，而是用笔墨留下了拜占庭文学中一系列最有价值也最有趣的作品。

---

1 "紫衣贵胄"（Porphyrogenitus），意味着出生在专用紫色的皇宫之中，即在父亲执政时期出生的皇子。以"紫衣贵胄"身份登基的皇帝很少，在君士坦丁七世即位之前 110 年，只有君士坦丁六世和米哈伊尔三世是"紫衣贵胄"。

　　如果利奥六世和君士坦丁七世置身艰难时代的话，那么很难说他们能否保住自己的皇位。但 880—960 年的外部军事压力比东罗马帝国历史上的其他任何时期都要轻。在东方，哈里发的帝国正在瓦解；在西方，查理曼的帝国更是早已分裂；而保加利亚等北方政权先后皈依基督教，并最终归于平静。这一时期唯一侵扰东帝国的就是北方的罗斯人以及南方北非地区的撒拉逊人，他们像海盗一样向帝国发动劫掠。好在这些纷扰虽然恼人，却并不危险。积极进取又谋求武功的皇帝，或许会把这一时期视作征服邻国的绝佳时机，但利奥和君士坦丁却缺乏进取心，乐得安稳，他们在皇宫之中安居，几乎或从未踏上战场。[1]

　　利奥的执政时期长达 26 年，其间得一提的战事只有对保加利亚的一次进攻（因为指挥官的无能而失利），以及 904 年撒拉逊海盗劫掠塞萨洛尼基一事。北非冒险者的一支舰队夺取了帝国第二大城市，让利奥的政府蒙羞，也激起了极大的轰动与不满。但必须指出，该城几乎完全是被突袭夺取的，城市受到攻击的地方是完全没有布防的靠海一侧。如果延迟几周，帝国的陆海军完全可以解救该城。帝国军队抵达城下之后，撒拉逊人也带着战利品撤走了，没有打算在城中防守。

　　"紫衣贵胄"君士坦丁七世是利奥六世第四个妻子的孩子，老来得子的利奥逝世时继承帝国的君士坦丁年仅 7 岁。多年以来，君士坦丁都处于各种庇护者的监护之下，最初是他父亲的兄弟亚

---

[1] 事实上，886—959 年，拜占庭帝国的领土得到了可观的拓展，曾经袭扰拜占庭帝国东线多年的麦利蒂尼在罗曼努斯一世执政时期被名将约翰·库尔库阿斯攻破，帝国的军队就此得以开始袭击美索不达米亚腹地，以及叙利亚侧背。——译者注

历山大以共治皇帝的身份摄政；亚历山大逝世几年之后，野心勃勃的海军指挥官罗曼努斯·利卡潘努斯夺取了摄政之位，并自立为共治皇帝，统治帝国。罗曼努斯的统治一直延续到他年迈之时，当时君士坦丁早已成年，但这个野心勃勃的将军依然把持着帝国权柄，把合法的皇帝挤到幕后。君士坦丁靠写作与绘画打发时间，直到他年近不惑时才开始独掌大权。甚至这也不是他自己争取来的。当时年迈的罗曼努斯的儿子们意图继承父亲的皇位，毫不顾及君士坦丁七世才是合法的皇帝。但罗曼努斯的儿子们自立为帝，并迫使老父亲逊位之后，愤怒的首都居民发动了暴乱。宫廷卫士纷纷加入暴乱者的行列，赶走了自以为胜券在握的斯蒂芬·利卡潘努斯和他的兄弟。他们被软禁在修道院中，而君士坦丁则告别了隐居生活，开始治理帝国，前后总计 20 年。他虽然软弱而无为，但同时既不顽固，也无暴政。许多能力更出色的人，其统治反倒不如他。[1]

利奥和君士坦丁的主要成就都在于著书。利奥的作品包括一本军事典籍、一些神学论述，还有一本预言书，其中晦涩的政治预言此后在东帝国颇受尊崇。[2] 此处提到的第一本书价值最高，也最有趣，书中讨论了利奥六世时代的军事组织、战术以及谋略史，给我们留下了拜占庭军队及其战术的完美参考。本书还概述了帝国必须面对的各种敌人。军队的核心依然是各军区的重装骑兵部队，每个省份都有这样一支精锐部队。省份的数量比希拉克略王

1　欧曼爵士对执政 25 年的罗曼努斯一世具体执政情况几乎没有提及。有兴趣的读者可以参考斯蒂芬·朗西曼爵士《罗曼努斯一世》。——译者注
2　博德利图书馆存有此书的精美抄本，成书时间为 1560 年，据说其中所有的预言都和土耳其与威尼斯的崛起相吻合。

朝之时大为增加，而这也意味着地方部队的规模得到了相应的提升。地方部队的士兵从帝国的臣民之中征调组成，指挥官则来自贵族阶层，正如利奥所说："应当招募出身高贵或家产殷实的指挥官，因为出身高贵便会得到士兵尊重，家产殷实便可以对士兵施加小恩小惠，那些小礼物的价值超过士兵军饷。"[1] 一些显赫家族的姓氏，一代又一代地出现在帝国高级军官的名册上，包括杜卡斯、福卡斯、科穆宁、布瑞恩努斯、克尔库阿斯、戴奥真尼斯等。利奥的作品之中洋溢着自信，自信帝国的军队能够抵御一切敌人，无论是撒拉逊人、突厥人，还是匈牙利人、斯拉夫人。利奥建议当机立断，在两军相遇时正面对决并击溃他们。只有在面对西欧的法兰克人和伦巴第人时，利奥才建议谨慎行事，反对仓促地发动大规模的进攻，他认为应尽可能靠切断敌军的补给、袭扰敌军的行军队列，拖垮他们。利奥的作品对拜占庭军队的描述颇多溢美之词。这支部队组织有序，装备精良，补给得当，仿佛只有近代的军队可以与之媲美。各支部队都有自己专门的制服，武器装备也有相应的规格。拖累了中世纪大部分军队的装备不齐与组织混乱的情况在拜占庭军队中并未出现。各支部队都配备了补给车辆，还有一小支工兵小队以及医护部队随同行动。根据利奥的记载，为了鼓励救助受伤的士兵，医护部队在战斗失利之后，每救出一名伤兵，就能获得一枚金币的报酬。对伤兵如此细致的照顾，或许直到 19 世纪才再度出现。

1　当然，利奥六世也写道："担任将军的人应尽可能能力出色，出身高贵而富裕，不过有能力的贫穷者或者出身低微者也不应被排除在外。"尽管富裕者担任军官的比例自然会更高，但在帝国国力强盛的时代，依然时常出现出身行伍的中高级军官。——译者注

按照利奥的描述，拜占庭舰队的主要任务是维持爱琴海、黎凡特以及意大利南部海域的警卫。拜占庭海军的对手是叙利亚和北非海岸的撒拉逊人，特别是不断侵扰克里特岛的海盗，后者屡败屡战，不肯臣服，直到 961 年才被尼基弗鲁斯·福卡斯歼灭。帝国配备了三支舰队：黑海和西地中海各有一支规模较小的舰队，而规模最大的舰队则驻扎在爱琴海。这支舰队包括 60 艘"德龙猛"船——当时拜占庭帝国最大的战舰。舰队司令通常驻扎在君士坦丁堡的军械库，但也可能率领舰队停泊在萨摩斯、塞萨洛尼基等港口。由于舰队规模庞大，加上使用著名的希腊火，帝国舰队往往能够战胜撒拉逊人。然而，尽管他们遏制了规模更大的撒拉逊舰队的进攻势头，却无法彻底平息小规模海盗行动。中世纪的商贸也因为这些海盗的存在而充满了风险。

"紫衣贵胄"君士坦丁七世的作品则比他父亲的作品更为引人注目。他的作品《论军区》对史学家而言是无价之宝，书中完整地列出了帝国的各个军区，以及各军区的边境、居民、特点和资源，还有其他价值甚高的信息。他的另一部作品《论帝国管理》价值更高，其中讨论了帝国的外交政策，还描述了与君士坦丁堡政府有交流的各政权的情况与资源。君士坦丁还为他的祖父马其顿的巴西尔写了一篇传记，给那位顽固的篡位者奉上了许多溢美之词。他篇幅最长的巨著讨论的则是宫廷礼仪。在《论宫廷礼仪》中，他记述了礼仪与尊卑，描述了帝国官员的地位高低、职责与特权，也详细描述了帝国典礼如何进行，以及皇室地产如何管理。在这个相对琐碎的问题上，君士坦丁花费的时间远超过其他价值更高的作品。他的作品显示，他缺乏创造的能力，却是谨慎而缜密的编纂者，热爱考究细节而不厌其烦。他对宫廷典礼的关注是这个爱好和平的皇帝生平的写照，他在庇护者的阴影下生活得太久，只能靠思索典礼来代替真正施行权力。

两位皇帝都热衷于文学创作，这足以说明在 9 世纪末持续已久的文化生活匮乏的情况已经终结了。从查士丁尼逝世到希拉克略王朝终结的这段时期里，帝国的境况严重恶化；而在伊苏里亚王朝的利奥三世登基之后，境况开始缓慢好转。拜占庭帝国文学最黑暗的时代是 600—750 年，其间几乎没有编年史，除了皮西迪亚的乔治撰写的一篇已经散佚的《赫拉克利亚》，再无任何诗歌，甚至神学讨论都极少。在伊苏里亚王朝建立之初，文学似乎彻底终结了。但利奥三世伟大改革的影响似乎很快传播到了各省份之中。8 世纪末，写作者数量大增，不过许多人只是发表了反对破坏圣像的论述，比如塞奥多里·斯托迪奥斯。9 世纪时，文学圈的规模显然扩大了，而且出现了一些一流的创作者，比如牧首弗提乌斯（857—869 年在任），他的广博学识令人震惊，他收藏的大量图书更让当代学者嫉妒。

拜占庭文学当中，最有趣的一部分或许是马其顿王朝末期创作的史诗，亦即我们所说的"骑士罗曼史"。10 世纪末期创作、献给尼基弗鲁斯二世和约翰一世（969—976 年在位）的英雄赞歌《迪吉尼斯·阿克里塔斯》可以说是其代表作。这篇史诗写的是巴西尔·迪吉尼斯·阿克里塔斯的征战、冒险与爱情。此人是奇里乞亚边境的军官，官方头衔是"托罗斯边境防区长"。他是个出色的猎手，曾猎杀熊与撒拉逊人，消灭在边境袭扰的"掠夺者"，并数次进入叙利亚进行抢掠。传唱这个故事的吟游诗人甚至宣称他曾经屠龙。但这个故事最有趣的一章，或许是他和尤多西亚·杜卡斯——卡帕多西亚军区将军的女儿——躲过她的父亲和 7 个兄弟私奔的事。面对愤怒的追击者，他在关口策马将他们挨个撞倒，但没有伤害他们的性命，并在新娘的调解之下与他们和解。《迪吉尼斯·阿克里塔斯》是这一类作品中最早也最出色的代表。

艺术在 600—900 年的发展历程与文学大体相似。最初的一个半世纪之中，艺术衰败至极，而这一时期留存的作品往往粗糙得近乎荒谬。论画工与做工恶劣，没有比君士坦斯二世或者君士坦丁五世执政时期的货币更加糟糕的了，就算是法兰克人或西哥特人的货币也不至于如此。存留下来的手抄本也体现了艺术方面的衰退，尽管程度没有那么严重。镶嵌画的衰退程度或许相对较小，但即使在这一领域，7 世纪与 8 世纪的作品也相当少。

9 世纪，一切都得到了极大改善。最令人惊奇的就是古老的细密画在这一时期的手抄本之中重新出现，许多细密画仿照的可能是 5 世纪乃至 4 世纪的作品，极为成功地复刻了古罗马风格。破坏圣像运动似乎刺激了绘画的发展。在皇帝的迫害之下，绘有神圣人物的肖像画反而比其他艺术形式更加受到大众的推崇。一些最著名的崇拜圣像派的殉道者就是画师，他们的画作除了教化功能，还颇具美感。例如，被皇帝塞奥菲罗斯酷刑折磨的拉扎罗斯的绘画就被后人视作艺术与理智的胜利。

尽管塞奥菲罗斯迫害画家，但他是查士丁尼之后第一位大兴土木的皇帝，也赞助珠宝、银器和镶嵌画的制作。有证据显示这些在他的执政时期（829—842 年）颇为兴盛。

9 世纪还有一个方面值得注意。这个世纪以及接下来的两个世纪之中，君士坦丁堡还拥有独一无二的商业地位。此前的百年之中，帝国之外的一切贸易都被撒拉逊海盗破坏，此后东方与西方基督教世界之间的联系有赖帝国海军的庇护。从东方运往意大

军人圣人圣利昂提乌斯（拜占庭壁画）

利或者法兰西的手工业产品都要经过博斯普鲁斯海峡的仓库。东罗马帝国的船只负责完成贸易。除了少数意大利港口城邦，比如阿马尔菲和新兴的威尼斯，似乎再没有什么地方仍保留商船了。对欧洲贸易的垄断成了帝国力量的最重要来源之一，帝国经手了巨额资金与货物。至于苛刻而不合理的税收系统，似乎也不会对国家贸易造成什么永久的损害。

第18章

军事胜利

在"紫衣贵胄"君士坦丁七世漫长而乏味的统治行将结束时，东方在短时间内发生的一系列事件完全改变了帝国亚洲边境的态势。自拜占庭时代开始，帝国在亚洲面对的向来是单一的强敌。先是波斯的萨珊王朝，而后是倭马亚哈里发和阿拔斯哈里发。然而此时哈里发帝国开始瓦解，阿卜杜拉·萨法和哈伦·拉希德的后代们沦为犯上的臣属们的附庸，仅仅拥有名义上的宗主地位，政令难出巴格达王宫。

951 年，危机终于爆发。波斯的君主、白益王朝的伊马丁率领大军杀进巴格达，让哈里发沦为自己王座下的囚徒。未来的哈里发成了彻底的傀儡，而白益王朝的君主们则以哈里发的名义发号施令。但征服者并没有掌控整个哈里发国家，而只控制了波斯和幼发拉底河下游地区。其他割据势力在原哈里发帝国的西部纷纷崛起。阿勒颇和摩苏尔的两位埃米尔分别统治着北叙利亚和美索不达米亚，与东罗马帝国直接相邻。而更远方的埃及和南叙利亚则落入了伊赫西迪家族的掌控之中。

拜占庭帝国边境的东方从此不再是一个庞大的中央集权政权，而是分裂成阿勒颇与摩苏尔这两个埃米尔国，以及他们后方的白益王朝和伊赫西迪王朝。这4个穆斯林政权都是依靠武力独立的新政权，根基不稳，并互相交战。拜占庭帝国终于得到了前所未有的良机，得以向数百年的宿敌复仇，把多年不曾改动过的托罗斯山边境线向穆斯林的领土推进。

幸运的是，帝国在天时和地利之外又占了人和。帝国自伊苏里亚的利奥之后最优秀的军事家在此时横空出世。尼基弗鲁斯·福卡斯是小亚细亚最强势的大地主家族之一的领导者，而这些家族正是拜占庭贵族体系的核心。尼基弗鲁斯在与穆斯林领土相邻的卡帕多西亚拥有大片土地。他出身武官世家，父祖都是战功赫赫的高级军官，他自己更是青出于蓝。他不但善战，还写下了军事著述。他的《论前哨战》流传至今，展现了他的将才。

君士坦丁七世的儿子兼继承人罗曼努斯二世，任命尼基弗鲁斯为最高指挥官，向穆斯林政权发动进攻。他进攻的目标是克里特岛，这里的大批海盗控制着爱琴海的出口，他们的海盗船侵扰着帝国与西欧的贸易线路。之前的半个世纪里，一系列对克里特岛的远征均以失败告终，然而这一次远征的规模之庞大前所未有。据说船只的数量有1000艘，而部队则是亚洲军区的精锐。尼基弗鲁斯的军队所向披靡，他把撒拉逊人赶到他们的主要城市尚达克斯（干地亚），攻破该城并掠夺了大量战利品——海盗们积攒了一个世纪的财富。全岛在此之后降伏于帝国，尼基弗鲁斯便返回君士坦丁堡，把俘虏的克里特岛的埃米尔库鲁普以及最好的战利品献给皇帝（961 年）。

尼基弗鲁斯因战功而声名大振。次年，他奉命率领大军进攻撒拉逊人在小亚细亚的边境要塞。穿过托罗斯山脉中部的关口进入奇里乞亚之后，他夺取了安纳扎布斯，而后穿过阿玛努斯山脉，进军北叙利亚。他夺取了大城市希拉波利斯，并围攻阿勒颇——这里是统治黎巴嫩山到幼发拉底河之间土地的埃米尔赛义夫·达夫拉的首府。埃米尔的军队被击溃，其首都的城墙被突破，而阿勒颇城中的财富全部落入这位拜占庭将军的手中。然而城市依托堡垒坚持抵抗，直到叙利亚南部和美索不达米亚的穆斯林组成联军前来解救北面的教友。穆斯林大军抵达阿勒颇城下之后，尼基弗鲁斯认为不必冒险开战，便带着大量战利品和大批俘虏通过托罗斯山脉的山口后撤（962 年）。他这次远征的战果是攻占了 60 座奇里乞亚与北叙利亚的堡垒。

次年，尚未满 26 岁的皇帝罗曼努斯二世意外身亡。他留下一个年轻的妻子和两个儿子——7 岁的巴西尔和年仅 2 岁的君士坦丁。随后便根据惯例安排了摄政者。尼基弗鲁斯，这位帝国权势最大也最受欢迎的大臣，成为两位年幼君主的庇护人，并被加冕为共治皇帝，史称尼基弗鲁斯二世。为了巩固自己的地位，他迎娶了小皇帝们的母亲——年轻貌美的寡妇塞奥法诺。

尼基弗鲁斯二世和他庇护之下的巴西尔二世与君士坦丁八世的共治持续了 6 年（963—969 年）。摄政者对小皇帝们保持了谨慎的忠诚，没有试图抢夺他们的权力，也没有让自己数量众多且企图染指皇位的侄子取代小皇帝。

尼基弗鲁斯二世是不屈不挠的军人，在战场上的时间超过在宫廷中的时间。在他一生的最后时光里，他以皇帝的身份完成了他仍是将军时开始的对奇里乞亚和北叙利亚的征服。964—965 年，他在奇里乞亚攻城拔寨，在 3 次漫长的围攻之后攻破了奇里乞亚的 3 座要塞——阿达纳、莫普苏斯提亚和塔尔苏斯。巨大的青铜城门被作为战利品运回君士坦丁堡，替代皇宫原来的拱门。几个月之后他又取得了新的胜利，将落入撒拉逊人手中 77 年的塞浦路斯岛收归拜占庭帝国掌控。

在此之后，尼基弗鲁斯二世在首都停留了两年，而他对帝国的管理远不及在军营中所起的作用。这个顽固的老兵听不进教士或朝臣的意见。他和大牧首波利尤克托斯争吵了几次，因而与教会交恶；而他对公众生活中盛大典礼的厌恶也让拜占庭城的居民把他当成吝啬鬼和敲诈者。他最关心的是军事预算，为此停止了表演和竞技活动，挪用行政拨款充当军费。当他在 968 年离开首都准备与撒拉逊人再度开战时，情况已经与他在 966 年征服奇里乞亚后凯旋时不同：他已经不受欢迎了。

然而在军营之中，他一如既往地受到尊敬，也一如既往地战无不胜。他最后一次对叙利亚的远征，成就不逊于 6 年前对这一地区的进攻。北叙利亚的所有城市，包括埃莫萨、希拉波利斯、劳迪基亚，以及埃米尔的居所阿勒颇全部被攻破，大马士革靠支付大笔贡赋才得以免遭进攻。只有这一地区旧日的首府安条克依然在坚守，而安条克也在冬季被勇敢的将军布尔泽斯使用云梯夺取。破城的故事颇为奇怪。皇帝留下一支部队围城，由彼得指挥，并下令他不得冒险突击。彼得的副手布尔泽斯抗命不遵，在雪夜率领 300 人突袭夺取了城市角落的一座塔楼。彼得因为顾及皇帝的命令，拒绝派兵支援，布尔泽斯就带着 300 人在塔楼坚守了两天。最终，帝国军队主力抵达城下，迫使撒拉逊守军弃城逃跑。尼基弗鲁斯将两名军官全部解职，因为布尔泽斯抗命不遵，彼得消极不战险些坐失良机。

尼基弗鲁斯在次年返回君士坦丁堡，死在了他最亲近的人手中。他的妻子塞奥法诺厌恶这个冷淡顽固的丈夫，因为尽管他颇有德行，却全无风度。她爱上了皇帝最宠信的外甥——约翰·基米斯基，这个年轻的骑兵指挥官此前在叙利亚立下了赫赫战功。基米斯基接受了她的私情，但并非出于情欲，而是出于野心。他本希望舅父立他为继承人，取代小皇帝巴西尔。那位忠诚的老兵不想背叛被自己庇护的小皇帝，于是他的外甥便决心通过谋杀的

皇帝凯旋（拜占庭长袍刺绣）

手段夺走皇位。

　　约翰和塞奥法诺为此定下了计划，在969年12月的一个夜晚，卑鄙地将尼基弗鲁斯谋杀在寝宫之中。老皇帝惊醒之时，十几个刺客已经冲进了他的房间。约翰将他击倒在地，他痛苦地高喊道："上帝啊！怜悯我吧！"刺客们一拥而上，将他刺死。

　　勇敢而高尚的尼基弗鲁斯·福卡斯的生命与统治就此终结。谋杀者继承了他的皇位。约翰·基米斯基收买了卫士，拉拢了官员，迫使牧首给他戴上皇冠。他为表示对谋杀舅父一事的忏悔，捐出一半私产建造了麻风病人收容所，另外一半则分给首都的穷人。他并没有和与他通奸的皇后塞奥法诺结婚，而是拒绝再与她见面，将她送进了修女院。

　　如果不考虑他篡位的事，约翰一世称得上是一位优秀的君主。他尊重年轻的巴西尔与君士坦丁，和舅父一样谨慎克制，而他在行政和军事上的能力也证明了他完全足以取代尼基弗鲁斯。但他谋杀舅父一事还是引发了漫长的内战。他的表兄弟巴尔达斯·福卡斯起兵为老皇帝复仇，在家乡卡帕多西亚地区引起了几年的混乱，直到最终被俘虏并被软禁于修道院。

　　约翰·基米斯基的最大成就是对罗斯人的大胜。他挫败了罗斯人对巴尔干半岛的入侵。前文还没有机会提到罗斯诸部，这些此前几个世纪不为外界所知的蛮族部族居住在第聂伯河与道加瓦河流域，隐藏在远离帝国边境的森林与沼泽之中。本书此前可以不提及他们，但此时这些分散的部落已经统一起来，集结成一支大军，在历任野心勃勃的君主率领之下四处征伐。在约翰·基米斯基即位的一个世纪前（862年），一批来自瑞典的维京海盗在留里克的率领下进入罗斯人的土地，而留里克也成了俄国所有王公和沙皇的祖先。这些北方冒险者的后代逐渐征服并兼并了林地之中所有的斯拉夫部落，组成一个庞大的国家，首都是第聂伯河畔的基辅。他们对周边地区所有的蛮族而言都堪称强邻。罗斯王公们的维京血统让他们走向海洋，沿着第聂伯河闯入黑海，开始对拜占庭帝国北部边境进行劫掠与破坏，就像丹麦的维京海盗给西欧造成了破坏一样。10 世纪时，罗斯舰队已经两度使用轻小的战船——北欧维京战船的缩小版——从第聂伯河河口出发，抵达色雷斯海岸，在距离博斯普鲁斯海峡几英里处上岸，掠夺富裕的首都郊区。907 年的第一次掠夺之中，罗斯人带着大批战利品安然离开；但 941 年第二次进行掠夺时，拜占庭舰队在海上截住了他们，使用数百人划桨的重型桨帆战船将他们的小船纷纷撞翻，报了色雷斯之仇。

然而 970 年，约翰·基米斯基要面对的进攻，规模远大于此前的两次。基辅罗斯大公斯威亚托斯拉夫率领至少 6 万人从第聂伯河出发，进攻陷入内战之中的保加利亚王国。他征服了整个保加利亚。不久之后，他的劫掠部队穿过巴尔干的山脉，进入色雷斯的平原。他们甚至在帝国军队赶来支援之前洗劫了重镇菲利普波利斯。这让远在小亚细亚的约翰一世决意回援。971 年初春，他率领 3 万帝国军队穿过巴尔干山脉，把罗斯人赶回多瑙河沿岸。随后爆发了东罗马历史记述上最激烈的决战之一。罗斯人组成步兵方阵，手持长枪大斧，身穿链甲和尖头盔，就像他们王公的北欧同宗一样。他们的步兵不仅有着极强的冲击力，坚守军阵的能力同样出色。约翰一世使用亚洲军区的披甲骑兵，以及拜占庭步兵中精锐的弓箭手和投石兵，来对抗这些北方的勇士。约翰与罗斯人在普雷斯拉夫和斯里斯特拉打的两次大战均与黑斯廷斯之战

拜占庭细密画之中的阿拉伯式蔓藤花纹

颇为类似。在保加利亚，就像在苏塞克斯一样，强健彪悍的罗斯斧兵击退了对方骑兵的冲击，但由于缺少投射武器而无法抵御对方的箭矢。弓箭手削弱了罗斯斧兵的队列之后，拜占庭骑兵冲破了阵线，对阵线崩溃的罗斯人展开屠杀。斯威亚托斯拉夫大公比哈罗德·戈德温松更为幸运，得以带着残部逃离战场。但他不久后还是被包围在斯里斯特拉城中，最终被迫投降，发誓永不骚扰帝国，以换取自己和部下安全离开的保证。罗斯人发下誓言，郑重地向约翰一世告别。编年史家助祭利奥惊异于两位君主之间的差异，并对这次会面留下了一段生动的记述，仿佛他本人就在现场一般。他记载道，矮小、机警的金发皇帝，身披金甲骑在骏马之上，由卫队簇拥着在河边等待，而壮硕的维京君主划着船前来见他，身上只有一件白衫，长须在风中飘动。他们互相道别，罗斯人就此离开。但罗斯大公在这一年尚未结束之时被南俄草原的游牧部族佩臣涅格人杀死。斯威亚托斯拉夫死后，罗斯人很快皈依了基督教，对帝国的袭扰也在不久之后停止了。他们成为东正教会忠实的追随者，他们的学问、文明，乃至名号、头衔，均来自君士坦丁堡。"沙皇"是"恺撒"的变体，而他们的名字——米哈伊尔、亚历山大、尼古拉、伊万、彼得、阿列克谢——都模仿自他们的教父拜占庭帝国。罗斯雇佣军在不久之后成为帝国军队的一部分，成为"瓦兰吉卫队"的核心。在此之后，来自丹麦、英格兰和北欧的勇士也纷纷加入这支卫队。

约翰一世在斯里斯特拉大胜 5 年之后逝世，在此之前他为帝国从撒拉逊人手中夺取了更多的北叙利亚土地。尼基弗鲁斯二世推进到安条克与阿勒颇一线的边境，被约翰一世进一步推到了美索不达米亚的阿米达和埃德萨城下。但在远征期间，盛年的约翰

罗斯模仿拜占庭风格的建筑（弗拉基米尔的教堂）

一世骤然亡故。据说他是被一位担心被他查处的大臣毒害的，但真实情况无从知晓，可以确定的只有约翰是因为某种疾病突然去世。他把帝国留给了刚满 20 岁的年轻皇帝巴西尔二世（976 年）。

第 19 章

马其顿王朝的终结

　　巴西尔二世在经历了尼基弗鲁斯二世和约翰一世的监护时代之后，掌握了他理所应当拥有的皇权，而他也证明自己能够肩负这一重担。和之前的皇帝们不同，他从一开始便展现了对战争和冒险的热爱。或许是约翰与尼基弗鲁斯的战功激励他效法前人。无论从什么角度来说，他漫长的执政期（976—1025 年）内战争接连不断，而且几乎全部以帝国的胜利告终。巴西尔似乎模仿的是顽固的尼基弗鲁斯·福卡斯。他在即位后的开始时期耽于享乐，然而在 30 岁时突然发生了明显的转变。他将人生的时光全部献给了战争与宗教。他发誓守贞，总是在盔甲与紫袍之下穿僧侣的粗布衣。他的虔诚几乎到了盲从与狂信的程度。然而，他在战争之中却展现出令人震惊的残忍。他的公正令人称道，但也因为他的苛刻，以及对受处罚者的漠不关心而被诟病。与他热衷享乐的父亲，或者温和、文雅的祖父截然不同，他留下的绰号是"保加利亚人屠夫"。

巴西尔一生都在竭力把东罗马帝国在巴尔干半岛的边境推回多瑙河沿岸，而这是自 350 年前希拉克略时代的斯拉夫人南下之后就不曾有人做到的事。他在执政早期没什么建树，因为两个亚洲大贵族的叛乱让他无暇对外。这两个叛乱者分别是尼基弗鲁斯二世的侄子巴尔达斯·福卡斯，以及亚美尼亚军区的将军巴尔达斯·斯科莱鲁。但在福卡斯身亡、斯科莱鲁投降之后，巴西尔便得以把全部精力用在欧洲战场上。相较而言，他对尼基弗鲁斯二世和约翰一世着重进行的东方征服不甚关心。

巴尔干半岛内陆地区由保加利亚国王萨穆埃尔统治，保加利亚、塞尔维亚和马其顿内陆地区及周边部分领土都受他管辖。这个王国强大而团结，处于杰出君主的统治之下——10 年前斯威亚托斯拉夫入侵，将旧王室的余脉赶走之后，萨穆埃尔凭借着军力与能力夺取了王位。萨穆埃尔统治的核心并非王国故地，即巴尔干山脉与多瑙河之间的领土，而是位于受斯拉夫文化影响更深的西南部。他的统治中心是奥赫里德要塞，他将这座马其顿群山之中的滨湖坚城定为首都。萨穆埃尔在这里集结大军，等待时机向南进攻塞萨洛尼基或者阿德里安堡。

巴西尔与萨穆埃尔之间的角力持续了至少 34 年，直到战败的保加利亚国王在 1014 年逝世。漫长而无休无止的战争耗费了拜占庭帝国的全部力量，毕竟萨穆埃尔不是能轻易解决的对手。他虽出身蛮族，但学习了拜占庭帝国的军事思想以及工事建筑技术。他建造的不计其数的山地堡垒让巴西尔的军队进展缓慢。这场战争的细节太多，难以详述。简而言之，巴西尔早年遭遇了一些挫败，之后成功征服了保加利亚故地，抵达多瑙河沿岸，萨穆埃尔在北部的最后据点维丁于 1002 年投降。而后保加利亚人在巴尔干半岛中部的奥赫里德与斯科普里周边地区坚持了 12 年。但最终巴西尔在战场上接连不断的胜利，以及对俘虏毫不留情的屠杀，耗竭了保加利亚国王的军事力量。1014 年，皇帝取得大胜，俘虏了 1.5 万名俘虏。他下令把所有人的双眼刺瞎，每 100 人只留 1 名独眼人，让这些可悲的人在独眼人的带领下返回首都，向国王萨穆埃尔复命。年老的保加利亚君主看到这恐怖的景象之后当场中风，在愤怒与悲哀之中死去。他的继承人加布里埃尔与弗拉迪斯拉夫无法抵挡残酷无情的皇帝。1018 年，王国最后的据点奥赫里德的守军投降。与此前的习惯不同，巴西尔对彻底失败的敌人展现了宽容，没有进行屠杀，而是对巴尔干中部的古罗马道路与堡垒进行了整修，并没有试图灭绝那些冒犯过他的斯拉夫部族。他的征服改变了帝国的北部边境，将塞尔维亚、保加利亚和马其顿纳入帝国领土，与马扎尔人的匈牙利王国接壤。拜占庭帝国的边境从贝尔格莱德一路延伸到多瑙河河口，这条界线维持了近 200 年，直到保加利亚人在 1186 年发动大规模叛乱，摆脱伊萨克·安吉洛斯的统治为止。

得到"保加利亚人屠夫"这个实至名归的恐怖绰号之后，在欧洲大获全胜的巴西尔在晚年选择继续约翰一世在东部边境的征服活动。尽管一个新兴势力——埃及的法蒂玛王朝已经出现，并迫使周围数个邻近政权臣服，但穆斯林政权总的来说依然羸弱而分裂。1021—1022 年，巴西尔最后的远征直指亚美尼亚的王公以及他们北方的伊比利亚和阿布哈兹。他的征战大获全胜，将亚美尼亚的许多地区变为帝国的东方省份。然而这样的征服是否对帝国有益是值得怀疑的。强势的亚美尼亚王国对拜占庭帝国而言是有益的邻国，它信仰基督教，往往与帝国保持友好，而且可以作为抵御波斯穆斯林进攻的屏障。巴西尔打乱了亚美尼亚的旧秩序，却没能将整个地区吞并，也没能建立起足够巩固的防线以对抗东方伊斯兰世界未来的威胁。

1025 年，准备远征被撒拉逊人占据的西西里岛时，巴西尔逝世，享年 68 岁。他为帝国夺取的领土超过了贝利撒留之后的任何一位将军。在他逝世时，拜占庭帝国的边境线已经拓张到了顶峰。他的继承人们难当重任，注定要逐渐丢失这些领土。此后帝国再没有哪位皇帝能够自夸说自己曾经在马背上远征 30 次，而且从未放弃过任何着手进行的计划。

在巴西尔执政的半个世纪之中，他的兄弟君士坦丁一直是名义上的共治皇帝，但君士坦丁与禁欲而不知疲倦的"保加利亚人屠夫"的性格近乎天壤之别。君士坦丁只是个俗人，热衷享乐，贪恋美酒，只有对音乐和文学的一点热情能挽回些许颜面。他向来居住在宫廷的角落，身边围着不多的宦官和阿谀奉承者，被强势的巴西尔彻底排斥在帝国管理之外。巴西尔去世时无子嗣，因此君士坦丁成了兄长的继承人，被迫在花甲之年重新担负管理帝国的重任。他怠惰而无能，但好在也没有肆意妄为。他最大的错误就是把帝国的管理交给了他的 6 个宦官和宠臣，而这些人的掌权让贵族家族恼怒不已。此外缺乏经验的他也在短暂的统治之中多次展现软弱与低效。

短暂掌权的君士坦丁在 1028 年逝世，他是马其顿王朝皇室最后的男性后代，只留下了三个尚未成婚的女儿——她们的文化与道德教育都被严重忽视了。女儿佐伊已过不惑之年，她的父亲却没能给他找到丈夫。直到弥留之际，他才把中年的贵族罗曼努斯·阿尔吉罗斯召来，和他面谈了一个小时之后，就要求他与公主成婚。两天之后，罗曼努斯就因为岳父逝世而成为帝国名义上的统治者。然而机敏、倔强又肆意妄为的佐伊把大权掌握在自己手中，让她不幸的配偶无从掌权。她格外爱慕虚荣，就像英国的伊丽莎白一世一样，人到中年却依然希望自己是所有人的梦中情人。她的丈夫无力约束她，便去处理他尚能干涉的帝国事务。但他对军事的干预适得其反：对叙利亚发动的远征遭遇了惨败，反而让几座边境城镇落入阿勒颇埃米尔手中。统治了 6 年之后，罗曼努斯病逝，留下寡妻佐伊。而善变的女皇尽管已过天命之年，却在丈夫还没咽气时就决定了新的配偶。新皇帝是帕夫拉戈尼亚的米哈伊尔，他之前是罗曼努斯寝宫的年轻侍从。时年 28 岁的他据称是君士坦丁堡最英俊的男人。他的英俊赢得了佐伊的芳心，而且他自己也意想不到，他竟被年迈的仰慕者推上了皇位（1034 年）。

　　佐伊的黄昏恋为帝国带来了一个能力出色的君主。米哈伊尔虽出身低微，却有效地统治了帝国。他击退了叙利亚撒拉逊人的进攻，平息了保加利亚的叛乱。然而在执政末期，他却没能成功平息塞尔维亚的叛乱。而他派去从摩尔人手中收复西西里的远征军，尽管在当时最优秀的军官乔治·曼尼亚克斯的指挥下两度击败穆斯林军队，攻破了许多城市，最终却以失败告终，曼尼亚克斯的战果也逐一丢失。年纪尚轻的米哈伊尔罹患了严重的癫痫，健康每况愈下，在 36 岁时便不治身亡。再度守寡却不肯安定下来的佐伊，花了几天时间决定她是该收养子还是第三次出嫁。她起初把与米哈伊尔同名的外甥收为养子，并加冕他为米哈伊尔五世，然而这个年轻人忘恩负义，想要夺取年迈女皇的权力。当他宣称要把她赶出首都时，城中爱戴马其顿皇室的民众们拿起武器，保卫他们的女皇。在起义者与米哈伊尔五世卫队的激烈肉搏之中，共有 3000 人丧生，但最终起义者取得了胜利，击溃了卫队，逮捕并刺瞎了米哈伊尔。

62 岁时再度成为帝国统治者的佐伊三度成婚。她选择了君士坦丁·莫诺马修斯，一个年老的浪荡子弟，两人在 30 年前曾有私情。他们的共治政府的对内与对外政策都不成功。小亚细亚和巴尔干半岛频繁出现暴乱，佩臣涅格人渡过多瑙河进行袭扰，而南意大利的诺曼人则征服了拜占庭帝国在亚得里亚海以西的最后领土伦巴第军区，建立起自己的普利亚公国（1055 年）。更危险的敌人塞尔柱突厥人也已经在帝国东部边境出现，此时他们正在波斯和阿姆河流域进行征服。1048 年，他们的前锋部队开始袭扰帝国的亚美尼亚边境。当然此时他们还称不上重大的威胁。

当佐伊和君士坦丁九世逝世之后，马其顿王朝的余脉就只剩下塞奥多拉。她是佐伊的妹妹，一个古稀之年的老妇人。此前人生的大部分时间都在修女院度过的她，如今成了帝国的统治者。她姐姐过度多情，而她则过度禁欲与阴沉。不过她也算不上拜占庭城统治者中最差的那一批。她在位的两年间没有遭遇内乱或外敌。她因为节制的美德多少得到了臣民的尊重。而且她是皇室的最后继承人，在她死后，继承问题必然影响帝国的未来，她的臣民们难免因此保持克制，让王朝最后一位统治者在和平之中离去。

塞奥多拉于 1056 年 8 月 30 日逝世，在弥留之际宣布收军务部长米哈伊尔为养子兼继承人。拜占庭帝国的第三次无政府时期随即来临。

第 20 章

曼兹科特

　　马其顿王朝最后的继承人撒手人寰之后，混乱似乎就无法控制了，内战与外敌入侵同时对帝国造成破坏。1057—1081 年这 24 年间的灾难几乎比东罗马帝国历史上其他任何一个时期都要频繁，或许只有希拉克略执政时期可以与之相比。帝国的领土再度大为减少，国力削弱近半，并陷入彻底的、无法恢复的瘫痪之中。

　　马其顿王朝的统治家族绝嗣，第一个不可避免的结果就是国内统治权的纷争。年迈的塞奥多拉把军务部长米哈伊尔推上皇位，而这个几乎与她同龄的老人上一次上战场还是 25 年前。此时的米哈伊尔六世年老昏聩，而帝国里又满是野心勃勃的将军，他们无法容忍这样的老糊涂占据皇位。米哈伊尔六世在位不到一年，亚洲贵族组织的大规模叛军已经举起反旗，推举卡帕多西亚旧贵族之中的领袖——在东部最受欢迎的将军伊萨克·科穆宁为皇帝。

　　伊萨克·科穆宁与他的朋友们拿起武器，轻而易举地推翻了年迈的米哈伊尔。然而叛乱者似乎遭到了诅咒。伊萨克登基仅一年多便身患重病，逊位进入修道院之中度过最后的岁月，皇位则交给了同为卡帕多西亚贵族的君士坦丁·杜卡斯，称君士坦丁十世，此人在能力与威望上被认为仅次于伊萨克·科穆宁。君士坦丁在纷乱中统治了 7 年，并让他所有的支持者深感失望，因为事实证明他并没有统治才能。他考虑的事情只有财政。在巴西尔二世的遗产被耗竭之后，君士坦丁开始竭尽所能地聚敛财富，而忽略了帝国的其他所有问题。为了节省开支，他解散了不少部队，而余下的部队也被削减了薪酬。这样的割肉自啖愚不可及，毕竟此时帝国即将面对 4 个世纪以来不曾有过的严峻军事威胁。只有薪饷充足且纪律严明的军队才能保证帝国的安全，而任何削弱军队的举措都足以致命。

　　塞尔柱突厥人此时愈发接近帝国了。他们的大军从阿姆河流域出发，已经占据了波斯，灭亡了白益王朝。1050 年，他们突入巴格达城，首领托古尔自封"信仰的守卫者与哈里发的庇护者"。随后遭殃的是亚美尼亚，这个尚未被拜占庭帝国吞并的独立政权在 1064 年被完全征服。这一年，亚美尼亚的古都阿尼陷落，庇护拜占庭帝国的东方屏障就此碎裂。

　　君士坦丁·杜卡斯在位期间，帝国的亚美尼亚、安纳托利亚和卡帕多西亚各军区接连不断地遭到塞尔柱人入侵。入侵者时而被帝国军队击退，时而躲过阻击，满载战利品离开。但无论胜败，他们都展现了无情的残忍，远胜此前的撒拉逊人。他们在所到之处不仅仅进行抢掠，还要杀死所有的居民。与此同时，被君士坦丁十世亲手削减的部队根本无力抵御他们。正在此时，突厥系的

天主为罗曼努斯·戴奥真尼斯和尤多西亚赐福（牙雕，现存于巴黎。出
自 "L' Art Byzantin", Par C. Bayet. Paris, Quantin, 1883）

游牧民族乌泽人从黑海沿岸南下，进入保加利亚侵袭，迫使君士坦丁分兵。

杜卡斯在 1067 年逝世，留下他 14 岁的儿子米哈伊尔继承皇位。随后的情况和此前如出一辙。为了保证自己儿子的安全和皇位安稳，皇太后尤多西亚再度结婚，让新任丈夫继位，以庇护年轻的米哈伊尔。新皇帝就是罗曼努斯·戴奥真尼斯。他是一个来自亚洲的贵族，此前在与塞尔柱人作战时展现了出众的勇气，让人们忘记了在君主身上谨慎与处事能力要比匹夫之勇重要得多。罗曼努斯开始着手解决被君士坦丁十世忽视的塞尔柱人问题，他一如既往地勇敢迎敌。他将欧洲与亚洲的军区之中的全部士兵集结起来，连续 3 年出征亚美尼亚、卡帕多西亚和叙利亚，竭尽所能截杀塞尔柱人的袭扰部队。

罗曼努斯的行动取得了一定成效。塞尔柱苏丹阿尔普·阿尔斯兰起初分散了自己的军队，同时攻击边境各处，这让皇帝经常能得到机会截杀这些小股部队中的一部分。然而总有一些突厥军队能够避开帝国部队。皇帝的重骑兵无法赶上轻装的塞尔柱弓骑兵，后者可以绕路急行军返回家乡，同时沿途继续烧杀破坏。卡帕多西亚已经被破坏殆尽，沿途劫掠的突厥军队甚至抵达了弗里几亚的阿莫利阿姆。

灾难最终在 1071 年到来。追逐塞尔柱劫掠部队的罗曼努斯向东行进，抵达亚美尼亚边境的曼兹科特，在那里遭遇了塞尔柱苏丹国的主力军，其统帅正是阿尔普·阿尔斯兰。尽管皇帝的部队在漫长的行军之中一路遭到袭扰，尽管两支大规模的部队此时还没有赶来会合，但他依然决心进行决战。突厥人此前还从未和皇帝正面交锋过，皇帝希望依靠自己的重甲骑兵，踏平所有轻装的突厥人。

1071 年初夏在曼兹科特的决战，可以说是拜占庭帝国历史的转折点。拜占庭骑兵整整一天都在对突厥人的弓骑兵发动冲锋，试图撕开战线，然而突厥人的后续部队源源不断地补上，直到傍晚时分双方也没能分出胜负。入夜之后，罗曼努斯准备率部撤回营地，然而部队因指令不明而陷入了混乱，塞尔柱人随即抓住机会将皇帝的部队分割成两部分。或者是有意谋反，又或者是因为怯懦，负责指挥预备队的安德洛尼库斯·杜卡斯带着部队未经参战即逃离了战场。皇帝的部队则被敌人四面围困，最终在次日黎明时分崩溃。罗曼努斯本人受伤坠马，被敌人俘虏。他的大部分部队被歼灭。

阿尔普·阿尔斯兰对这位俘虏展现的宽厚远超想象。被俘之后，罗曼努斯被押到苏丹的营帐之中，被迫跪倒在地。按照突厥人的习惯，胜利者将用脚踩在对手的颈部。不过在这个羞辱的仪式之后，皇帝得到了礼遇，并在许诺会在数月内分期付清赎金之后，获准返回了故乡。然而事实上，做突厥人的俘虏比他回国后的遭遇要强得多。在他被俘时，朝政落入了小皇帝米哈伊尔的叔父约翰·杜卡斯的手中，这个放肆的摄政者不肯让罗曼努斯回来夺走自己手中的权力。在罗曼努斯获释回国之后，约翰将他逮捕并刺瞎。这个残忍的刑罚在执行时过于粗暴，以至于不幸的罗曼努斯在几天之后即伤重逝世。

在这场恐怖的灾难之后，帝国丧失了小亚细亚的领土。没有人替代罗曼努斯的位置，而塞尔柱大军得以随意西进，无人阻挡。接下来的 10 年之中充满了混乱与灾难。塞尔柱人向帝国腹地进军的同时，拜占庭帝国的残兵败将并没有继续抵抗，而是开始

皇位上的尼基弗鲁斯·博坦内亚特斯（拜占庭细密画）

了一系列内战。在罗曼努斯之后，帝国里的所有将军都想披上紫袍自立为帝。在接下来的 9 年里，史书上提到了至少 6 个僭越者的名字，另外还有一批没有自立为帝的叛军。年轻的皇帝米哈伊尔·杜卡斯此时已经成年，却是个一无是处的庸才，在拜占庭帝国历史上留下了"啄粮者"的蔑称——他在饥荒之中给臣民出售的小麦都缺斤短两。他和此后推翻他的尼基弗鲁斯·博坦内亚特斯先后统治的 10 年甚至可以略过不写，因为这两个名义上的君主几乎无法把命令传出君士坦丁堡。而那些还没被突厥人占据的军区也落入了自行其是的军官手中。最终，一个能人崭露头角。他就是阿莱克修斯·科穆宁，本章开篇提到的皇帝伊萨克·科穆宁的侄子。

阿莱克修斯勇敢而干练，但也展现了拜占庭人典型性格之中某个令人齿冷的方面。确实，他是第一个可以被称为"拜占庭式"的皇帝，这里使用的是这个词目前常用的冒犯意义。[1] 他是当时最出色的骗子，为了获取并把持皇位，他不断背信，发下各种各样的伪誓，甚至连君士坦丁堡的弄臣们都为之震惊。在必要时他也会战斗，然而他更喜欢通过叛变和背信来取胜。不过身为君主，他依然拥有许多美德。而且，正是他将帝国拖出了前所未有的泥沼。他尽管谎话连篇，却并不残暴。他在位期间，7 个曾经的皇帝或者僭越称帝者在君士坦丁堡安度晚年，见证了他的温和统治。他执政时期的故事，体现了他性格的两大特征：道德低劣与擅长实干。

---

1 即"手段狡诈，秘密"。——译者注

第 21 章

科穆宁王朝与十字军

阿莱克修斯·科穆宁在 1081 年面对的情况，几乎和伊苏里亚的利奥在 716 年面对的情况一样艰难、一样危急。和利奥一样，身为篡位者的他缺乏威望与皇位继承权，皇位并不稳固，还必须面对外部的穆斯林大军以及内部的叛乱者。应当提及，尽管利奥三世要在东方面对凶悍的敌人，但在西方却没有重大的威胁。阿莱克修斯则要在面对塞尔柱人侵袭小亚细亚的同时，抵御一个全新的强大力量对西方省份的入侵。我们前文已经提到了拜占庭帝国在意大利的统治如何终结。而如今，夺去了卡拉布里亚和普利亚的那一批诺曼冒险者正准备渡过奥特朗托海峡，想在帝国腹地与皇帝决战。意大利与西西里的诺曼人的部队在他们的伟大领袖——强硬而大胆的普利亚公爵罗贝尔·吉斯卡尔的麾下统一起来。10 年之前，他攻破了拜占庭帝国在海峡西侧的最后堡垒巴里，现在他准备利用帝国在曼兹科特之战后的混乱，在亚得里亚海以东建立起新的诺曼人的国家。考虑到他仅仅靠着几百诺曼冒险者就征服了整个意大利和西西里，并将军队扩张到 5 万人，他的计划看上去绝非胡言乱语。入侵者们清楚地记得，仅仅 15 年前，另一位诺曼人公爵渡过了西欧的另一个海峡，靠着他的得力助手征服了强大的英格兰王国。阿莱克修斯·科穆宁此时就像哈罗德·戈德温松一样，还没有巩固自己刚刚获得的皇位；而普利亚公爵罗贝尔则盘算着征服帝国，一如诺曼底公爵威廉准备征服英格兰。

1081 年 6 月，3 万诺曼人登陆，对防卫伊庇鲁斯海岸的滨海堡垒都拉佐发动围攻。皇帝立即率军前来救援。向来乐观又才能出众的阿莱克修斯并没有意识到这些入侵者的实力，认为自己能够击退他们。他仓促与塞尔柱苏丹苏莱曼签署和约，割让了塞尔柱人当时已经实际控制的所有领土。这意味着帝国放弃了包括尼西亚和马尔马拉海的亚洲一侧的广阔领土，苏丹的边境线距离君士坦丁堡仅有 70 英里。

阿莱克修斯用来迎战诺曼人的部队仅仅是罗曼努斯四世在 10 年前与突厥人决战的那支大军的残部。帝国的军事体系已经崩溃，旧日作为基础单位的军区，以及核心的重骑兵部队，都已经不复存在了。这支军队之中的本土部队比例很低，其核心是皇帝的瓦兰吉卫队，该卫队由罗斯、丹麦和英格兰的雇佣兵组成，他们用勇敢赢得了许多皇帝的信任。和他们一同行动的还有大批突厥人、法兰克人、塞尔维亚人和其他南斯拉夫仆从军，本土部队只有色雷斯、马其顿和色萨利的征召部队，上述三个省份也是阿莱克修斯继承的东罗马帝国仅剩的领土。

　　阿莱克修斯在都拉佐城下与罗贝尔·吉斯卡尔开战，结果以皇帝的惨败告终。皇帝的战术失当是失败的主要原因。他的部队进攻时前后脱节，先锋部队被包围并被歼灭时，主力部队还没有赶上来。瓦兰吉卫队一马当先，勇悍的他们对诺曼人发动冲锋，而此时阿莱克修斯的其他部队尚未列好阵势。他们突击由巴里伯爵指挥的罗贝尔军侧翼，将这一阵列的步兵和骑兵赶向大海。但他们的成功也打乱了他们自己的阵形，诺曼公爵便得以在皇帝派出支援之前集中全部军力围攻瓦兰吉卫队。凶悍的诺曼骑兵的冲锋击溃了瓦兰吉卫队的主力，余下的部队在海滨的一个土堆上坚持抵抗，使用大斧击退了诺曼人的数次进攻，就像哈罗德的部下对征服者威廉部队的最后抵抗一样。然而罗贝尔使用弓箭手射击，并继续派出骑兵冲锋。瓦兰吉人纷纷倒下，少数幸存者逃到附近一座损毁的礼拜堂之中，而罗贝尔则将这些顽抗者活活烧死。

　　阿莱克修斯余下的部队直到瓦兰吉卫队被全歼后才投入行动，他们因为失去最精锐的部队而惊恐不已，稍作抵抗便仓皇逃跑了。坚守到最后一刻的阿莱克修斯本人被敌人包围，靠着他马匹的速度与个人的武艺才得以逃生。都拉佐被攻陷。次年，诺曼人占据了整个伊庇鲁斯，进而入侵色萨利。阿莱克修斯和他们又进行了两次决战，然而他仓促召集的部队又两度战败。惨败让他开始避免决战。最终在 1083 年的一次战役中，帝国的军队谨慎行动，诺曼军队主动分兵进军，而阿莱克修斯的耐心得到了回报。皇帝抓住分兵的机会，在拉里萨发动进攻，大败诺曼人，迫使他们撤回伊庇鲁斯。然后战争陷入了僵局。1085 年，罗贝尔·吉斯卡尔逝世，诺曼人带来的威胁暂时消除了。

　　尽管击退了一个对手，但阿莱克修斯还是无法获得和平。帝国内部不断爆发叛乱，而与佩臣涅格人、斯拉夫人和塞尔柱人的战争在随后的10年间片刻未停。不过，阿莱克修斯并没有丧气，而是"在狮子皮之上又披了一张狐狸皮"。他或发动战争，或谋划计策，或欺骗敌人，或与敌人谈判。这段时期结束时，他依然把持着皇权，没有损失更多领土，而皇位也愈发稳固了。

　　然而在他执政的第15年，新的阴云从西方席卷而来——十字军正在准备出发。这件事注定将影响帝国的未来，而其影响好坏参半。1075年，即曼兹科特之战4年后，塞尔柱人夺取了耶路撒冷。自此之后，从西欧前往圣地的朝圣者就遭到了这些蛮族的粗野对待。然而如果西方的基督教世界无法打通前往叙利亚的道路，这些愤懑就只能无果而终。11世纪晚期，两件事让东方与西方能够以前所未有的规模自由交流。

　　第一件事是匈牙利皈依基督教。这一历程于1000年由圣伊什特万开始，完成于1050年。此后，阻隔拜占庭帝国与德意志之间的不再是蛮夷的多神教徒，而是步入文明社会的基督教王国，一个信仰天主教的国家。沿多瑙河的交通，即从维也纳到保加利亚境内拜占庭要塞的路，首次被完全打通。不久之后这条道路就愈发繁忙起来。第二个诱发十字军东征的事件是撒拉逊人在地中海中部的海军力量瓦解了。首先是比萨人和热那亚人的舰队从穆斯林手中收复了科西嘉岛和撒丁岛，之后诺曼人占据了西西里岛，后一件事让从马赛和热那亚出发向东的航线畅通无阻。热那亚、比萨、诺曼以及亚得里亚海的威尼斯——4个新生的海上强权不断增强自己的实力，基督徒的战舰终于出现在那些没有拜占庭海军巡航的海域。

　　正是因为通向东方的海路与陆路首次得以畅通，十字军东征才有可能实现。关于隐修士彼得与教宗乌尔班的布道，我们在此不必详述。简而言之，1095 年，皇帝阿莱克修斯收到报告，西欧各国正在聚集数以万计的大军，向他的边境开进，并宣称要将穆斯林赶出巴勒斯坦。皇帝对这些狂热的十字军的纯洁性没什么信心，狡诈的他无法理解他们的热情，总是担心未来的某种变化会让他们转而与自己为敌。当大批拥有武装的法兰克朝圣者抵达之后，他的担忧得到了证实。这些外来者四处劫掠，和当地的农民及驻军之间屡屡爆发流血冲突，甚至可能发展成公开的战争。阿莱克修斯竭尽所能地平息事态，动用了他的一切智慧与耐心，充分发挥了他在阴谋与外交欺诈方面的才能。他诱骗十字军领主们向他宣誓效忠并发誓把从突厥人手中收复的帝国故地交还给他。在漫长而乏味的商议之后，他得偿所愿。十字军的领袖们，无论是布永的戈德弗雷还是韦尔芒杜瓦的于格，还是最低微的男爵，都向他宣誓效忠。他靠着奉承、贿赂以及恫吓逼迫，让十字军领袖们全部同意效忠。他的女儿安娜·科穆宁在她的史书里对阿莱克修斯的欺诈大书特书，超过了对其他性格特征的描述。她记载了阿莱克修斯用各种灵活巧妙的方法让愚蠢自大的法兰克人听命的故事。最终十字军上路了，他们的口袋中装满了阿莱克修斯赠送的黄金。阿莱克修斯许诺提供军队支援和补给，并发誓在抵达圣地之前不离不弃，这让十字军大受鼓舞。

1097 年春季，十字军渡过博斯普鲁斯海峡，进入突厥人控制的地区。他们立即对塞尔柱苏丹国的边境基地尼西亚发动进攻。在如此庞大的围城部队面前，失去信心的突厥人没有向法兰克人投降，而是与阿莱克修斯密谈投降之事，并将他的部队放进城中。这几乎让皇帝和十字军当场决裂，因为后者本打算进城洗劫。但阿莱克修斯再度用钱财收买了他们，于是朝圣者大军再度朝着小亚细亚腹地进军。

1097年，十字军穿过弗里几亚和卡帕多西亚，一路上击退遇到的塞尔柱人，直抵叙利亚，对安条克发动围攻。阿莱克修斯曾许诺在围城战中支援他们，然而他所做的却是抢夺战果。十字军与突厥人决战时，阿莱克修斯在安全距离之外尾随十字军，趁机抢走他们留下的战利品。在苏丹忙于抵抗十字军时，阿莱克修斯占据了士麦那、以弗所和萨第斯，借塞尔柱部队东撤的机会，几乎兵不血刃地收复了小亚细亚西部。次年的情况完全相同。当十字军在安条克与美索不达米亚的穆斯林王公们交战，寻求紧急支援时，阿莱克修斯根本没有往叙利亚派出一兵一卒，而是占据了近在咫尺的吕底亚和弗里几亚的大批堡垒。皇帝随即和法兰克人陷入了争执，因为前者不肯提供军事与物资支援，后者也就拒绝交出安条克以及征服的其他叙利亚土地。双方事实上都违背了在君士坦丁堡签署的协议，并指控对方违约。自此，十字军不再以恢复拜占庭在叙利亚的统治为目标，而是为了创立新的法兰克政权而战。他们建立了安条克、埃德萨和的黎波里等公国，以及最重要的耶路撒冷王国。

没能收复叙利亚一事对阿莱克修斯而言称不上真正的损失。就算十字军交还了这些领土，他也无力防守。十字军给他带来的实际利好对他来说已足够了。法兰克人把突厥人在亚洲的边境向后推了至少200英里，此前在尼西亚虎视眈眈的塞尔柱人如今退到比提尼亚山地的另一侧，帝国收复了吕底亚、卡里亚以及弗里几亚的内陆地区。塞尔柱人则受损严重，在接下来的近一个世纪之中只能进行防御战了。

12 世纪的拜占庭牙雕（现藏于大英博物馆）

由于十字军对小亚细亚的穆斯林完成了凶狠的一击，阿莱克修斯在执政的后期摆脱了执政之初四面受敌的境况。从1100年到1118年，他得以巩固自己国内的统治并抵御外敌，平息了执政初期接连不断的叛乱。而诺曼人在塔兰托的博希蒙德的指挥下，在1107年试图再度完成罗贝尔·吉斯卡尔在1082年的宏大计划，却被轻易击败，被迫签署屈辱的和约。

阿莱克修斯的执政时期不能被视作一段成功和繁荣的时期，其中有两个原因。其一是在十字军成功之后，君士坦丁堡很快丧失了商业中心的地位。热那亚人和威尼斯人成功地在叙利亚的港口开展贸易之后，他们前往君士坦丁堡的频率大为降低，因为在阿卡或者提尔进行贸易比前往博斯普鲁斯海峡更好。耶路撒冷国王是所有封建君主之中最羸弱的一位，比起君士坦丁堡的那些强势统治者，他更容易受到威逼与欺骗。在他的海港里，他几乎没有什么权威，意大利人按照自己要求的条件随意贸易。自此西欧与波斯、埃及、叙利亚和印度的贸易不再通过博斯普鲁斯海峡进行，热那亚和威尼斯成了法兰西、德意志和意大利寻求东方货物的市场。在第一次十字军东征之后的50年中，君士坦丁堡的贸易额或许下降了1/3，甚至减半。这让帝国国库的收入大为减少，因为拜占庭帝国的繁荣的源头正是商贸。在阿莱克修斯和他之后的两位皇帝的执政时期，抱怨帝国收入减少的声音越来越大了。

帝国财政上的危险衰颓，更因为阿莱克修斯的错误政策而加剧。他开始向意大利的各个共和国授予一系列商业特权，以换取它们的军事援助。这一政策自1081年开始。皇帝在与诺曼人的战争刚刚开始时，允许威尼斯人在帝国的海港间自由通航，还免除了他们的一切关税。让异邦获取特权却压榨自己的臣民是阿莱克修斯最大的经济失策，本地的商人们抱怨称威尼斯人可以在任何一个市集用低价击败他们，因为威尼斯人进口与出口都不需要缴纳税款。境况在 1111 年愈发恶化：阿莱克修斯将略有收敛但总体类似的特权授予了比萨人。

1118 年，当阿莱克修斯的儿子约翰二世继承了他父亲拯救的帝国时，帝国在光鲜的外表之下已经大不如前了。领土的扩张似乎意味着国力的增强，但财政收入的迅速减少则没有得到多少人的注意。约翰是一位谨慎而节约的君主，竭尽所能推迟了未来的困窘。在登上拜占庭皇位的君主之中，只有他完全没有遭到诽谤者的恶评。考虑到他的父亲的性格，我们实在无法相信约翰在勇敢与慷慨之外还能有与之相当的诚实与守信。他的臣民称他为"好人约翰"，在他执政时期（1118—1143 年）没有出现任何的武装叛乱，[1] 这足以说明臣民们对他美德的赞赏。

约翰是出色的军人。在他执政时期，帝国的亚洲边境不断拓展，突厥人则步步后退。然而他的战略存在瑕疵，即过分注重小亚细亚南北的滨海地域，而没有进攻高原中央的塞尔柱人统治中心。当他控制了整个奇里乞亚、皮西迪亚和本都之后，他的统治区域变为狭窄的海滨地区，从三面包围了苏丹控制的卡帕多西亚和利堪尼亚高原地区。约翰本应当完成对小亚细亚的光复，然而他进入叙利亚，迫使安条克的法兰克王公和阿勒颇的埃米尔向他称臣纳贡，而没有留下任何永久的成果。在他准备大规模远征法兰克人的耶路撒冷时，却因为一次打猎事故而英年早逝。[2]

1　他的亲属曾经发动了两次宫廷阴谋，但都没有得到平民或军队的支持。

2　他不幸被自己的毒箭刺伤，不治而死。

猎人（拜占庭细密画）

好人约翰的继承者是他的儿子曼努埃尔，其优点与缺点结合在一起，给帝国以致命一击。曼努埃尔的性格如同游侠，为了战斗而战斗，放任寻求刺激与冒险的冲动引领自己。他在位时，帝国战争不断，并且战争的开始与结束都完全随他的心意。然而绝大多数战争都可谓是成功的，毕竟曼努埃尔虽然是个鲁莽的政治家，却依然是出色的骑兵指挥官，而他的勇悍与活跃也使他为部下所敬佩。他率领主力部队——久经沙场的雇佣军骑兵，肃清了一切胆敢在战场上与他为敌的人。他占领塞尔维亚，入侵匈牙利，与匈牙利国王签订和约，并成功击退了西西里的诺曼人对希腊的入侵。他最艰苦的战斗则是和威尼斯的海战。他的海军取得了胜利，将威尼斯总督及其舰船赶出了爱琴海。然而威尼斯人的海盗在他们的海军主力被击退之后依然在黎凡特保持活跃，并对君士坦丁堡的贸易造成了重大打击。皇帝被迫于1174年签署和约，将祖父阿莱克修斯80年前赐予的灾难性的贸易特权，再度授予自己的敌人。

曼努埃尔在战争中的最大问题是完全不考虑财政消耗。在帝国财源日渐枯竭之时，他依然不断发动战争，把他从臣民手中勒索来的一分一毫全都用在支持战争上。帝国的行政体系陷入严重混乱，司法体系遭到严重破坏，道路与桥梁无人养护，港口与船坞疏于管理，而本应作为维护费用的金钱全都被浪费在对埃及、叙利亚或者意大利的无利可图的远征之中。只要他的佣兵部队齐装满员，能够征得给他们的酬金，皇帝就不在乎帝国的其他问题。

曼努埃尔在战场上只有一次遭遇惨败，然而这一次也是最重要的一场战争，一场他本应该全力以赴的战争。这就是和塞尔柱人的战争。1176 年，曼努埃尔在弗里几亚的密列奥赛法隆疏忽大意，未经侦察就进入了一条无路可退的狭窄山路，被一支在平原上无法与他对抗的军队分割歼灭。曼努埃尔此后只得签署和约，在执政的最后时期任由塞尔柱人发展。

曼努埃尔在 1180 年逝世，科穆宁王朝的好运也不复存在了。他的儿子与继承人阿莱克修斯年仅 13 岁。主少国疑之际，在所难免的摄政权争夺再度爆发。两年的动荡之后，曼努埃尔的堂兄弟安德洛尼库斯·科穆宁成为恺撒，充当小阿莱克修斯的庇护人。安德洛尼库斯是个无法无天的恶棍，他早年的肆意妄为足以证明他的不可靠。他曾经试图刺杀曼努埃尔，还两度投奔突厥人。他是个不折不扣的伪君子，靠着展现虔诚与简朴的美德，一路登上了高位，乃至加冕称帝。在他坐到阿莱克修斯身边，自觉皇位稳固之后，他便将年少的堂侄扼死（1183 年）。

然而，和我们熟知的理查三世一样，安德洛尼库斯独自掌权之后，纷乱立即爆发。帝国各地纷纷举起反旗，想为阿莱克修斯复仇，而西西里的诺曼人也借机入侵马其顿。首都中的阴谋接连不断，而阴谋败露之后的血腥屠杀也宣示着恐怖统治的开始。皇帝一再展现残忍的性格，直到人们开始相信他已经精神失常。结局在不久之后到来。一个无辜的贵族伊萨克·安格鲁斯被指控谋反，暴君的爪牙冲进他的家中准备逮捕他。伊萨克没有投降，而是拔剑砍杀了逮捕他的官员。一批市民拿起武器支援他。他没有遭遇什么抵抗，因为安德洛尼库斯此时并不在首都。暴动者的规模不断增加，卫队不敢与他们交战。皇帝仓促返回之后，立即被逮捕，并被乱刀砍死，无人愿为他而战。伊萨克·安格鲁斯取代了安德洛尼库斯，开始统治帝国。

第 22 章

拉丁人攻破君士坦丁堡

帝国经历了穷兵黩武的曼努埃尔执政时期，又在鲁莽暴虐的安德洛尼库斯执政时期陷入混乱。然后，国家先后落入两个蠢材手中，他们的无能与可鄙在君士坦丁堡的君主之中可谓前无古人，后无来者。他们是安格鲁斯家族的两兄弟——伊萨克与阿莱克修斯，执政时间为 1185—1204 年。

在我们之前讨论过的东罗马帝国各个历史时期中，没有哪一个时期像安格鲁斯王朝一样屈辱可耻。要理解这一时期的屈辱，必须指出，帝国此时的处境还远远称不上绝境。靠着寻常人的勇气和慎重，帝国也足以维持，毕竟此时帝国遭遇的攻击，相比之前被轻易击退的进攻也强不了多少。如果有利奥三世这样的英雄或者阿莱克修斯一世这样的能人在位，这样的进攻无疑会被轻易化解。但这一进攻发生在两个无能至极的糊涂虫执政时期，他们执政的信条就是"今朝有酒今朝醉，哪管明日是与非"。伊萨克和阿莱克修斯发现自己无力把帝国从灾难之中拯救出来，因此自暴自弃，耽于个人享乐。伊萨克整天寻找华丽的服装，收集圣像，阿莱克修斯则贪恋杯中物。在为君之才方面，两人不相上下——都足以让衰退的帝国万劫不复。

安格鲁斯王朝给帝国带来的灾难，源自军事系统与财政系统的彻底混乱。帝国的军事力量从未从塞尔柱人侵的影响之中恢复，本可以提供兵员的大片小亚细亚土地已经沦陷，此后使用雇佣兵的情况越来越普遍。曼努埃尔一世亲自指挥的出色战役之中，他的士兵有 2/3 都出生于帝国之外。诚然，他能够严格约束部队，并竭尽所能支付他们薪酬。然而既软弱无能又不知节俭的安格鲁斯兄弟既无法筹措薪酬，也无力维持军纪。依赖异族佣兵来维持国防的政权，如果任由统治者放纵与堕落的话，必将崩塌。危机来临之时雇佣兵会哗变，而非抵抗。

在这两个"凡间的天使"（当时某个编年史家如此称呼他们）执政之后，帝国的行政体系陷入了几乎同样悲惨的境况。科穆宁王朝的滥权现象本已非常普遍，伊萨克·安格鲁斯变本加厉，直接出售官职。他不给官员们薪酬，"就像旧日的使徒一样，不给他们工资和津贴，而是让他们在地方肆意盘剥来中饱私囊"。[1] 他的兄弟阿莱克修斯在即位之初许诺任命官员时唯才是举，然而事实上造成的后果和伊萨克一样恶劣。他身边环绕着一大批贪婪的佞臣，他们负责官员的任免，并以此索取贿赂。若是职务卖不出去，他们就送给地方的显赫人物来讨好他们，以免他们叛乱。

1　Nicetas, Isaac Angelus, book iii, ch.8, 6.

安格鲁斯兄弟执政的 20 年，因为阿莱克修斯在 1195 年推翻兄长伊萨克而均分为两部分。应当指出，两人应当共同承担制造这一时期灾难的责任。

伊萨克制造的灾难是失去保加利亚和塞浦路斯。前者在被巴西尔二世征服之后，已经处在拜占庭帝国的统治之下近 200 年了，但保加利亚人并没有和帝国的臣民完全融合，他们维持了本民族的语言和习俗，也不曾遗忘旧日的独立时光。1187 年，彼得、约翰和亚森三兄弟挑唆起了一场叛乱。如果有效应对，帝国依靠常备军就足以轻易平息这次叛乱。然而伊萨克起初任命了一个无能的将军，此人任叛军发展壮大。而当皇帝委派一位有足够能力的将军阿莱克修斯·布拉纳斯接替指挥之后，后者又使用这支部队发动了叛乱。布拉纳斯进军君士坦丁堡。要不是伊萨克把依然忠于自己的部队交给了一位能力更强的军官指挥，布拉纳斯就会夺取首都。伊萨克贿赂了一位来自西欧的冒险者——蒙费拉侯爵康拉德来解救自己，并许诺把妹妹嫁给他，再赠送了大笔金钱。这个英勇的伦巴第贵族击溃了布拉纳斯的部队，杀死了叛乱者，并保住了自己妻舅的皇位。然而在帝国内战之时，保加利亚人趁机发展壮大，很快就无法被轻易降服。伊萨克亲自出征平叛，结果亲眼见证了奈索斯、索非亚和瓦尔纳的陷落。

一次民族叛乱让皇帝失去了保加利亚，而夺取塞浦路斯的则是实力更弱的势力。皇帝曼努埃尔一世的远亲伊萨克·科穆宁在塞浦路斯发动叛乱，并击败了伊萨克皇帝从君士坦丁堡派出的舰队与陆军。他坚持了 6 年，几乎要在岛上建立起自己的王国。这次叛乱对帝国而言是十足的凶兆。帝国此前屡屡因为蛮族入侵或者臣属的其他民族发动的暴乱而丧失领土，然而本国人发动叛乱，让一个希腊化的省份脱离帝国管束,在塞浦路斯自称皇帝,却是全新的现象。按照帝国的传统理念,建立一个独立的"塞浦路斯帝国"是个荒谬怪异的想法,但伊萨克·科穆宁叛乱成功则意味着拜占庭帝国的领土很可能彻底分崩离析,而这一威胁此前从未出现过。直到此时,帝国的各省份都听命于首都,而此前也没有哪个叛乱者的目标是占据君士坦丁堡之外的地区。伊萨克·科穆宁本来可以在塞浦路斯维持长期统治,然而他和十字军中的英格兰国王狮心王理查发生了争执——因为他虐待遭了海难而来到岛上的英格兰水手。理查对塞浦路斯岛发动了惩罚性进攻,占领了全岛。伊萨克被投入地牢,而英格兰国王把他的领土交给了吕西尼昂的居伊,居伊召唤了一批法兰克冒险者来到岛上,建立起一个西欧式的封建王国。

在伊萨克二世忙于处理保加利亚的叛乱,并愚蠢地处理政务时,他突然之间被一场宫廷政变推翻。他的兄弟阿莱克修斯·安格鲁斯谋划了一场阴谋,将他推翻。安格鲁斯成功逮捕了伊萨克,将其刺瞎并送进修道院,而皇帝的随从甚至都不知道皇帝已经遇险。

阿莱克修斯三世一生唯一一次主动的行动就是这场推翻自己兄长的政变。他在后续的保加利亚战争中的指挥和伊萨克一样愚蠢。他和伊科尼乌姆的塞尔柱苏丹陷入了灾难性的争执,又和神圣罗马帝国皇帝亨利六世争执,若不是亨利骤逝,阿莱克修斯的领土将难免被他入侵。但只要阿莱克修斯还能在博斯普鲁斯海峡一旁的宫殿之中纵酒狂欢,他在战争和外交上的无能并不会给他本人带来多大的损害。

然而在 1203 年,一个全新的威胁扫了他的酒兴。他失明的兄长伊萨克有个年轻的儿子，叫阿莱克修斯，从君士坦丁堡逃到了意大利，来到西帝国的新皇帝施瓦本的菲利普处避难。菲利普迎娶了伊萨克·安格鲁斯的女儿，并决定支援他年轻的妻舅。机会并不难找。教宗召集的大批法兰西、佛兰德斯和意大利的十字军，此时正在威尼斯待命。他们停驻在这个意大利大港是为了渡海直接进攻埃及苏丹马利克·阿迪尔。威尼斯人根据签订的协议许诺为十字军提供舰船，但他们出于自己的利益考虑，不希望远征原本的目标。他们和埃及的君主关系良好，在亚历山大里亚拥有油水丰厚的贸易特权，垄断了与遥远的印度的贸易。因此他们希望把目标从埃及转向其他基督教世界的敌人。第四次十字军的领袖无法全额支付船只使用费，而威尼斯人借此将他们留在潟湖之中不宜居的岛屿上，直到他们的耐心和物资全部耗竭。年迈而睿智的威尼斯总督恩里克·丹多洛此时向十字军提出，可以用回报威尼斯的方式来支付他们的路费。达尔马提亚的城镇扎拉于近期反叛，向匈牙利国王效忠，如果十字军能收复这座城市，威尼斯人就可以免除他们的债务，将他们运输到他们想去的任何地点。

十字军为了与穆斯林进行圣战而拿起武器，此时他们却要进攻基督徒的城市，为威尼斯人的政治利益而战。有良知的人应该拒绝这个卑劣的要求，坚持向埃及航行。然而这 100 年间，十字军之中有良知的人越来越少了。其中贪婪的军事冒险者不比单纯的朝圣者少。部分谨慎的领袖被那些有所图谋的同僚说服，船队随即航向扎拉。

扎拉很快陷落了，但随后十字军得到了另一个更重要的任务。当他们在达尔马提亚海滨越冬时，年轻的阿莱克修斯·安格鲁斯出现在他们的营地，与他的姐夫施瓦本的菲利普的使节一同到来。

流亡的皇子请求他们在向东方航行之前再度转向，从他残忍的叔父阿莱克修斯三世的地牢中救出失明的父亲。如果他们赶走篡位者，让合法的君主复位，他们就能够从拜占庭帝国得到一切可能的支持，包括大量金钱、物资、舰队，以及一支佣兵部队，而且他本人也会参与对埃及的战争。

　　教宗英诺森三世得知十字军在扎拉残害基督徒、背弃十字军誓言的消息之后大发雷霆。但拜占庭的黄金让困窘的西欧领主们再度动心，而威尼斯人也希望埃及能够免遭进攻。十字军迟疑了，开始和阿莱克修斯谈判，即使他们清楚这意味着教宗可能革除他们的教籍。现在一切都由他们的领袖决定，而他们的主流意见是支持年轻的拜占庭流亡者。三个主要领袖分别是威尼斯总督恩里克·丹多洛、蒙费拉侯爵博尼法斯，以及佛兰德斯伯爵鲍德温。丹多洛就是意大利各共和国的无所不用其极精神的化身，他是十字军之中唯一清楚自己目标的人。他虽然年老失明，但思维清楚，意志坚定。他决定报复帝国，清算双方的宿怨，并不择手段为他的城邦积累更多的财富。领导十字军的鲍德温和博尼法斯基本上完美地代表了两类十字军。那个佛兰德斯人英勇、慷慨、虔诚而儒雅，认为应当参与正义的战争，以光荣的方式死亡，可以说是布永的戈德弗雷以及第一次十字军东征的主人公们的继承者。那个伦巴第人则是坚定而深藏不露的阴谋家，在他看来，使用力量与使用欺诈相差无几，都只是为在东方寻求财富与名望。他不怎么在乎圣墓，只在乎他个人的未来。在这三个领袖之下的是封建社会之中的各色人等，如顶盔戴甲寻找圣物的修道院长、爱争吵的男爵、一文不名的骑士、兼职海盗的威尼斯水手，还有粗野残忍的西欧士兵。

　　蒙费拉的博尼法斯与总督丹多洛终于说服了更谨慎的鲍德温和他的支持者们，十字军舰队就此向君士坦丁堡航行。在此之前，阿莱克修斯·安格鲁斯和他失明的父亲伊萨克二世签署协议，承诺支付十字军 20 万马克的银币，派 1 万人的部队前往巴勒斯坦作战，并承认教宗对东正教会的最高权威。这些协议为未来的争执埋下了种子。

　　十字军的舰队一路畅行无阻，抵达了达达尼尔海峡。懒惰又安于享乐的皇帝任事态恶化，甚至没有一支能够在爱琴海拦截他们的舰队。他躲在君士坦丁堡城中，希望自己能依托城墙完成希拉克略、利奥三世以及其他先人的伟业。如果围攻只从陆上进行，他的希望或许能够实现，毕竟丹麦与英格兰的勇士组成的瓦兰吉卫队击退了十字军对陆墙的进攻。然而阿莱克修斯三世的情况和之前的皇帝们不同：他的海军力量不足以击退敌人的舰队。尽管岸上的十字军被击退，威尼斯人却对海墙发动了突击，他们在甲板上搭建临时的轻塔楼，从塔楼上搭跳板冲向拜占庭城的城垛。失明的总督率先将旗舰插上城墙，一次次催促着进攻，直到他们夺取了海墙一侧的一系列塔楼。威尼斯人随后开始在城中纵火，恐怖的大火迅速蔓延开来。

　　得知敌人已经冲上城垛，怯懦的阿莱克修斯三世骑上马，向色雷斯内陆逃亡，抛下了仍在抵抗的部队，任他们自生自灭。识时务的守军放下了武器，军队的高级军官们把年老的伊萨克二世从监军中带出，宣布他复位。他们向十字军军营派出使节，宣称停战，并请求皇子阿莱克修斯进宫与他的父亲会面。

　　十字军已经达成了目的，然而士兵们只感到失望，因为他们从离开扎拉的那一刻起就开始盘算着洗劫君士坦丁堡，最终却没

远眺君士坦丁堡（从港口方向看）

能得到这个机会。十字军在接下来的三个月间竭尽所能压榨被他们推上皇位的伊萨克与阿莱克修斯，抢走每一枚钱币。失明又痛风的老皇帝根本无力回应他们的要求，而他没有经验的儿子在谈判之时既不坚定也不直率，更不能保持尊严。1203—1204 年的冬季，拜占庭在与索取欠款的十字军接连不断的争执之中度过，直到惊恐的阿莱克修斯的横征暴敛激起了臣民们的叛乱。当他抢走圣索菲亚大教堂引以为傲的金银灯烛台，剥下圣像立壁上的贵金属，没收城市所有教堂之中镶有珠宝的圣像和圣骨匣时，城中的居民终于忍无可忍了。他们不愿侍奉把自己出卖给法兰克人的皇帝，毕竟此人执政的目的不过是让东正教会向罗马教廷屈膝投降，并把古老帝国的巨额财富交给意大利那个暴发户般的共和国。

　　1204 年 1 月，暴乱终于爆发了。城中的居民和驻军关上了城门，攻击城中孤立无援的拉丁人。人们很快就找到了领袖——暴戾而放肆的军官阿莱克修斯·杜卡斯，此人成了暴乱的领导者，并宣称将夺取皇位。伊萨克二世在恐惧之中暴毙，他的儿子阿莱克修斯则被叛乱者逮捕并扼死。安格鲁斯家族就此覆灭，阿莱克修斯五世取而代之。编年史家往往称呼他为“连眉者”，因为浓密而相连的眉毛是他最明显的相貌特征。

　　阿莱克修斯·杜卡斯可谓诸事不顺。他只是个僭位者，在君士坦丁堡的城墙之外无人承认他。安格鲁斯家族早已耗空了国库。20 年的纪律涣散与军事灾难让军队濒于崩溃，舰队早已不存在了，因为阿莱克修斯三世的海军将领们让所有的舰船闲置，并卖掉了船上所有物品来中饱私囊。即使如此，“连眉者”所做的也远比他可鄙的同名前任要多。他通过抄没安格鲁斯王朝那些不受欢迎的朝臣与内侍的财产，获取了一小笔资金，并将这笔资金用在急需的地方。军队拿到了一些欠薪，而阿莱克修斯用余下的时间来训练他们，要求他们维持军纪。他加固了4个月前被突破的海墙，在上面竖立木塔，并建造平台，安装了仅有的几台投射机械。他还下令征召一支民兵，强迫城中的贵族和市民拿起武器守卫城墙。拜占庭人对这个命令满腹牢骚，市民们声称自己已经支付了供养军队的税款，因此理当免于兵役。这些新征募的士兵能提供的帮助极少，守军的兵力虽然增加了，实际的战斗力却几乎没有增加。

阿莱克修斯·杜卡斯本人率领骑兵每天到十字军营地所在的城郊侦察，砍杀搜寻粮秣的法兰克人。他也在城中巡游，监管城中的建筑工作，视察岗哨，并向士兵们发表演讲。如果勇气和信心就能够带来成功，那他理当成功。但他一人之力无法逆转20年的衰退与混乱，并且他也认识到，自己的统治基础脆弱不堪。

十字军花了两个月的时间为第二次进攻君士坦丁堡做准备，而他们发现这次进攻比前一年秋季的进攻要艰难得多。他们放弃了对坚实的陆墙的进攻，主要进攻前一次得手的海墙。舰船集结成队伍，各自负责攻击城墙的一段，并载运尽可能多的攻城机械。他们再度准备了跳板。还有一些士兵踏上城墙下面狭窄的海滩，安置冲车和云梯。进攻在4月8日开始，攻城者在2英里长的海墙的百余处同时发动进攻，但被击退，损失甚大。阿莱克修斯·杜卡斯做好了准备，他的投射机械肃清了所有试图登上城垛的人。攻城的舰船也受损甚大，被迫在中午撤退，返回金角湾另一侧。

许多十字军此时决定放弃，他们认为这次失败是上帝的旨意。他们无法攻下基督徒的城市，于是准备向圣地航行。然而丹多洛和威尼斯人坚持再度发动进攻。他们花了三天时间整修舰船，在4月12日再度发起攻击。这次他们把舰船拴在一起，保证稳定，而且进攻也集中在城墙的某一段。最终，在长时间作战之后，舰队的投射机械和弩手们的箭矢肃清了一个塔楼的守军。舰船上的人成功放上了跳板，一批十字军冲上塔楼，打开了一道海门，将十字军的主力放进城中。阿莱克修斯·杜卡斯的部队在城墙上坚持抵抗了一段时间之后，向街道撤退。十字军在城中纵火，掩护进攻。到了夜间，他们已经占据了君士坦丁堡的西北角，控制了布拉赫内宫。

大火暂时将交战双方隔开，其间皇帝试图集结部队，在次日进行巷战。然而守军已经毫无士气，许多部队已经逃散，而驻军之中最精锐的瓦兰吉卫队选择在此时要求皇帝支付拖欠的薪酬，否则就不会继续作战。安格鲁斯王朝20年的混乱种下的苦果，将在次日瓜熟蒂落，给帝国带来一场浩劫。

绝望的阿莱克修斯·杜卡斯自知无法说服部下继续作战，于是趁夜逃出了首都。城中守军的指挥官塞奥多里·拉斯卡里斯本打算对十字军发动最后一次攻击，但在君主逃离之后也逃出了首都。次日，法兰克人发现自己已经彻底控制了帝国的首都，原本预计的激烈巷战并没有发生。

战斗结束12小时之后，冷血的十字军开始劫掠。十字军的领导者无力或者根本没打算约束部下，这座大都市陷落之后暴行迅速蔓延。尽管城中已经没有抵抗力量，十字军，特别是威尼斯人，依然疯狂杀戮。三四千手无寸铁的市民被杀。然而大军并没有只忙于杀戮，真正驱动他们的并非暴虐，而是色欲与贪婪。所有西欧的记述者，以及希腊语史料，都在惊恐之中记录了这场长达三

一个拜占庭圣骨匣

天的疯狂强奸与掠夺。所有骑士或普通士兵都冲向某个他中意的房屋，在其中肆意妄为。教堂和修女院的境况比民宅好不了多少。在最神圣场所的淫乱行为让教宗都不得不宣称这次征服没有任何好处。醉酒的士兵们安排一个妓女坐在圣索菲亚大教堂的牧首座位上，让她在圣坛前进行淫秽表演。十字军之中有许多教士，但是他们非但没有试图阻止同胞的渎神行为，反而自己扑上去抢夺教堂之中的圣物与圣人遗骨。如一位见证了这次劫掠的希腊编年史家所说："法兰克人远不如撒拉逊人，至少异教徒在破城之后还对教堂和妇女保持尊敬。"

　　三天的劫掠结束后，十字军的领袖们搜集了府库之中的贵重物品。尽管许多财物被盗走或隐匿起来，他们依然拿出了80万磅的金银以供分配。此后，为了增加战利品，他们还做了另一个让当代史学家痛心的暴行。直到1204年，君士坦丁堡仍有大量的古希腊艺术品。尽管经过了900年的风化与损坏，城中的广场和宫殿之中依然拥有君士坦丁大帝和他的后继者们留下的艺术珍品。这一事件的见证者尼基塔斯留下了被毁雕像的清单，包括利西比乌斯的赫拉克勒斯像、萨摩斯岛的赫拉巨像、奥古斯都在阿克提乌姆之战后建造的黄铜像、古罗马的狼与罗慕洛斯和雷穆斯的青铜像、拿着金苹果的帕里斯像、特洛伊的海伦像等。它们连同数十件其他艺术品，都被扔进熔炉，铸造成粗劣的铜币。基督教艺术品同样惨遭破坏，皇帝陵寝上所有的金属都被剥掉，而教堂的圣坛和屏风只留下石头。城市毁坏殆尽。

　　某个西欧的编年史家宣称这是"最伟大的征服，胜过亚历山大与查理曼，前无古人，后无来者"。而希腊人则发出了更夸张的悲鸣："世界之眼、帝国至高的装饰、地上至高的盛景、教堂之母、信仰之泉、正统教义的追随者、学术的中心，失去了上帝赐予的一切，如同平原五城一样，被天火毁灭了。"

　　此时十字军才终于开始分配战利品。他们推举佛兰德斯的鲍德温为东帝国的皇帝，把近半被焚为灰烬、从里到外被洗劫一空的君士坦丁堡的废墟交给了他。城中八成的居民已经逃走，余下的只有那些穷到逃跑也带不走任何财物的乞丐。在首都之外，鲍德温还得到了色雷斯以及亚洲省份，包括比提尼亚、密西亚和吕底亚，这些要由他自己率军去夺取。他的同伴蒙费拉的博尼法斯，成为塞萨洛尼基国王，控制马其顿、色萨利和伊庇鲁斯内陆，向鲍德温宣誓效忠。威尼斯人控制帝国领土的 3/8，拿走了克里特岛、伊奥尼亚群岛、希腊与阿尔巴尼亚西部的港口、几乎所有的爱琴海岛屿，以及达达尼尔海峡入口附近的土地。他们控制了所有的良港和沿海堡垒，但放弃了内陆，他们想要的是贸易而非统治。帝国余下的领土被其他的十字军领袖分割，他们首先要征服自己分得的封地，而后向皇帝鲍德温效忠。其中绝大部分人都没能活着完成计划。与此同时，一个威尼斯的高阶教士成了君士坦丁堡牧首。他随后向教宗送信宣布东方与西方的教会重新统一，因为希腊人的牧首已经不存在了。

　　现在还要说一下流亡皇帝阿莱克修斯·杜卡斯的结局。他落入十字军的手中，因为谋害阿莱克修斯·安格鲁斯而被判处死刑，被带到高耸的柱顶摔死。希腊人认为，他怪异的结局印证了一个困扰了占卜者许久的、关于末代君主的晦涩预言。

第 23 章

拉丁帝国与尼西亚帝国

　　几乎没有哪个政权能像拉丁帝国一样在接连不断的悲惨与危机之中度过 57 年的屈辱时光。整个时期不过是一段漫长的垂死挣扎，而且从未出现过恢复国力的可能性。虽然 3 万人足以夺取一座城市，但他们无法迫使一个 800 英里长、400 英里宽的国家臣服。拉丁帝国比在这里建立的其他任何一个政府都更配得上"病夫"的称号。可以说，如果没有君士坦丁堡高耸的城墙，这个政权不到 10 年就会消失。

　　但在拜占庭城坚固的城垛之后，法兰克人和之前的希腊先辈一样，占据着有利的条件——按照此时的军事水平，只要守军做好应有的防务，再配有足够的海军，那么他们控制的堡垒就称得上坚不可摧。只要威尼斯人拥有东欧水域的制海权，城市的海洋一侧就能保持安稳，只需要拉丁帝国皇帝那相当有限的军事力量，加上从意大利人居住区征调的民兵，就足以守卫庞大的陆墙。

从建立之初，拉丁帝国就显露出朝不保夕的迹象。建立拉丁帝国的人希望使用封建国家取代他们推翻的集权帝国，并占领帝国之前的全部领土。然而几个月之后，形势就清楚地表明，十字军预计的对帝国广阔地区的征服根本无法实现。新皇帝是最早发现这一事实的人之一。他率领麾下骑士，想要把南下的保加利亚人赶出色雷斯北部，这些保加利亚人趁帝国瓦解之机南下，意图发动劫掠。然而在阿德里安堡附近，他遭遇了保加利亚国王约安尼萨[1]率领的大军。尽管法兰克人英勇冲锋，但他们在绝对的数量劣势之下无力回天。大部分部队被歼灭，鲍德温本人也被俘虏。保加利亚人因禁了他几个月，而后将他处死，此时距离他获取皇冠仅仅过去了一年（1205 年）。

佛兰德斯的亨利凭借鲍德温的兄弟的身份继承了皇位。他是个诚实而实干的人，但他也无法征服亚洲的省份，无法将保加利亚人赶回巴尔干山脉以北，也无法安抚他治下的希腊人。在他执政时期，他只能在南方和北方敌人的夹击之下勉力维持。到他逝世时，帝国只剩下马尔马拉海沿岸的一条带状领土，从加里波利延伸到君士坦丁堡。其他拉丁政权的处境同样艰难。蒙费拉的博尼法斯在 1207 年被杀，杀死他的正是俘虏其宗主的那支保加利亚大军。很明显，在他死后，塞萨洛尼基王国和君士坦丁堡的拉丁帝国一样，无力征服周边的所有拜占庭省份。博尼法斯的儿子兼继承人仍在襁褓之中，王国的领土被杰出的希腊人、伊庇鲁斯专

1　目前通常称这位保加利亚君主为卡洛彦。——译者注

制君主[1]塞奥多里·安格鲁斯不断蚕食。最终在 1222 年，塞萨洛尼基城被希腊人收复，这里的王国就此终结。

巴尔干半岛南部的拉丁城邦境况稍微好一点。尚普利特的威廉在伯罗奔尼撒半岛西部夺取了一块土地，建立起一个由 12 个男爵领和 136 个骑士封地组成的小政权。这一地区的抵抗极弱，威廉只用了一次战斗就控制了埃利斯和麦西尼亚。然而他没有征服迈纳半岛的山区居民，也没能控制拉科尼亚和阿尔戈斯地区，所以希腊人在半岛仍保留了少量的据点。

拉罗什的奥托在希腊中部建立了另一个拉丁小政权，他以雅典公爵的身份统治阿提卡和彼奥提亚。他对待希腊臣民的态度比其他十字军领主要好，因此得到了其他拉丁政权都不曾获得的尊重。尽管地域最小，雅典公国却是 1204 年十字军建立的新政权之中最繁荣的一个。

与此同时，我们应当记述那些在君士坦丁堡陷落之后没有被法兰克人占据的拜占庭领土。此前各省份要无条件接受首都统治者的命令，然而在 1204 年，人们发现尽管拜占庭帝国的集权政府曾经如此强大，却依然没有彻底瓦解各行省的独立性，各省并没有毫无抵抗地向拉丁人投降。各地纷纷寻找领袖，无论是原来的皇室成员，还是勤政的官员，又或者是当地的强权地主，人们聚集在这些领袖身边抵御敌人。拜占庭帝国和一些低等生物一样，即使头颅已被砍下，残肢依然保持生命力。只要附近尚有抵抗的

1　此词为一头衔，在拜占庭帝国内通常与"亲王"含义相近，它位于皇帝、共治皇帝之下，早先只授予皇子，后来也授予皇室贵胄。某些地方政权的君主也采用此头衔。本书采用国内学界惯例，依旧译为"专制君主"。——编者注。

据点，居民就拒绝向法兰克匪徒臣服，更不肯臣服于罗马教廷的教士们。

在各省起身反抗拉丁人的9位或10位领袖之中，有3人建立起属于自己的王国。其中最重要的是塞奥多里·拉斯卡里斯，君士坦丁陷落之前最后试图与法兰克人决战的指挥官。[1] 他通过和无能的阿莱克修斯三世的女儿成婚，获得了继承皇位的资格，但真正让他扬名的是他的勇气与勤奋。拜占庭帝国军队的残部纷纷前来投奔塞奥多里，比提尼亚的城市敞开大门接纳流亡者，而当拉丁人闯进亚洲试图划分男爵领和骑士封地时，他们发现塞奥多里已经准备好用刀剑迎接他们。他坚持防卫坚固的布尔萨城，成功击退了佛兰德斯的亨利，遏制了法兰克人扩张的脚步，使他们在比提尼亚海岸只占领了几座堡垒。在阻挡了入侵者之后，塞奥多里本人在尼西亚庄严地加冕，继承了帝国（1204年）。

击退拉丁人之后，塞奥多里必须和另一个自封帝国合法继承人的政权交战。暴君安德洛尼库斯一世的孙子阿莱克修斯·科穆宁，在君士坦丁堡陷落之时正在帝国的东部边境，他占据了黑海东南角从里奥尼河河口延伸到锡诺普的一段带状的滨海领土。他想要征服整个拜占庭帝国的亚洲领土，于是派出他的兄弟大卫·科穆宁进攻比提尼亚。然而塞奥多里成功守卫了他的新帝国，没有让科穆宁家族从他这里占领寸土。科穆宁家族此后便在本都地区的狭窄领土上偏安一隅，其后代以特拉布宗皇帝的身份默默地延续了近300年的统治。对尼西亚帝国来说，更大的威胁是好战的塞尔柱苏丹，他们率军从高原前来掠夺帝国的边境地区。然

1　见第22章。

而英勇的塞奥多里·拉斯卡里斯也战胜了这些敌人。在米安德河畔的安条克，他在阵前决斗之中亲手杀死了塞尔柱苏丹凯科斯鲁，突厥人随即溃败，此后整整一代人不敢进攻帝国边境。

拜占庭细密画中的叶尖装饰

与此同时，还有一个希腊政权在西边脱颖而出。阿莱克修斯三世和伊萨克二世的堂兄弟米哈伊尔·安格鲁斯，同样宣称自己拥有继承权，不过他本人只是个私生子。他在伊庇鲁斯地区起兵，自称专制君主。他从好战的阿尔巴尼亚诸部之中集结起一支军队，击退了前来进攻的雅典公国与塞萨洛尼基王国的法兰克军队，成功守住了自己的领土。他英年早逝，兄弟塞奥多里继承他的统治，塞奥多里在几年之后就征服了法兰克人建立的塞萨洛尼基王国全境。

很快，两位自称继承了安格鲁斯王朝统治的希腊君主就必须交战了。拉丁帝国注定要被这两个政权的其中之一消灭，唯一的问题是征服者将是伊庇鲁斯还是尼西亚。这个问题直到1241年双方进行决战之后才能得到答案。

此时，塞奥多里·拉斯卡里斯的亚洲政权被他的女婿约翰·杜卡斯[1]继承，而塞萨洛尼基的塞奥多里也由他的儿子约翰·安格鲁斯继承了统治。在君士坦丁堡，拉丁帝国皇帝的迭代则更为频繁。佛兰德斯的亨利在1216年逝世，他的皇位被库特奈的彼得继承，此人即位不到一年即被伊庇鲁斯专制君主所杀。彼得的继承人是他的儿子罗贝尔，而罗贝尔于1228年逝世，此后罗贝尔的兄弟鲍德温二世接替了他的皇位。库特奈家族的两兄弟都是无能之辈，执政时期能做的只有静观帝国崩溃，直到失去君士坦丁堡城墙之外的所有领土。

尼西亚的约翰三世是一位杰出的君主，他英勇的岳父可谓后继有人。约翰不但英勇善战，也是出色的统治者。靠着亲自监管和厉行节俭，他成功挽救了帝国的财政，而这是东罗马帝国自近100年前科穆宁王朝的约翰二世逝世之后就不曾有过的情况。1230年，尼西亚帝国的部队渡海进入欧洲，将法兰克人驱逐出了色雷斯南部。1235年，约翰·杜卡斯开始围攻君士坦丁堡。然而攻破君士坦丁堡的时机还没有到来，在威尼斯人的舰队前来支援之后，他被迫解除围攻。

意识到此时尚不是攻破君士坦丁堡的时机之后，约翰·杜卡

---

1 又名约翰·瓦塔基斯。

斯转而与塞萨洛尼基的安格鲁斯家族对抗。他将他们的部队赶出了战场，在 1241 年开始围攻他们的首都。然后约翰·安格鲁斯放弃了皇帝的尊号，自称伊庇鲁斯专制君主，承认尼西亚帝国的宗主权。这让约翰·杜卡斯暂时感到满意，然而在 4 年后安格鲁斯逝世时，约翰还是夺取了塞萨洛尼基，将其纳入帝国的直接管理。安格鲁斯家族的继承人逃到阿尔巴尼亚，继续控制专制君主国狭小的故地（1246 年）。

约翰·杜卡斯在 1254 年逝世，把尼西亚帝国留给了他的儿子塞奥多里二世，塞奥多里决定继续父祖的大业。他将保加利亚人赶出了马其顿，并把阿尔巴尼亚人逼入群山之中。但他罹患癫痫症，仅仅统治了 4 年就逝世了，年仅 38 岁（1258 年）。

这对帝国而言是极大的不幸，毕竟塞奥多里的儿子约翰·杜卡斯此时年仅 8 岁，而主少国疑之时往往会出现灾难。此前几个世纪的历史之中，年幼的皇子往往会引发一系列野心家对权力的争夺，他们寻求摄政者的地位，乃至取而代之。约翰四世也没能幸免。他父亲的大臣们使用阴谋诡计互相争夺，最终能力出众又无所顾忌的将军米哈伊尔·帕列奥列格走上了前台，自封皇帝的老师，并获得了专制君主的封号。

米哈伊尔既野心勃勃又肆无忌惮。摄政者的地位不足以让他满足，他决心背弃之前忠于小皇帝的誓言，夺取皇位。他的手段与 200 年后英格兰的理查三世的手段相差无几。他先把小皇帝的亲属和随从赶出首都，安排自己的爪牙取代他们，并利用大批礼物和虚伪的虔诚安抚教士们。此时米哈伊尔的党羽开始宣称年幼君主带来的危险，以及让能人掌控帝国的必要性。在一番劝说和假意拒绝之后，摄政者为自己加冕，小皇帝约翰·杜卡斯随即被赶到无人注意的角落，他还未满 10 岁的时候就被残忍的庇护人刺瞎双眼并被投入地牢，在黑暗与悲苦中又度过了 30 年的时光。

米哈伊尔的篡位让这个希腊帝国的所有敌人借机起兵进攻。伊庇鲁斯专制君主和希腊的法兰克领主们结成联军，在意大利仆从军的支援之下入侵马其顿，此外君士坦丁堡的拉丁皇帝们也挑唆威尼斯人到邻国的边境地区搞破坏。然而在 1260 年，米哈伊尔的部队在佩拉戈尼亚击败了法兰克人与伊庇鲁斯的联军。这成了拜占庭军队历史上的最后一次大胜。此战决定了帕列奥列格家族的命运，米哈伊尔的敌人就此全部崩溃，再也无法威胁他了。

免于来自西方的威胁之后，米哈伊尔得以掉头进攻君士坦丁堡，以完成重建帝国的大业。攻破首都的机会已经成熟，库特奈的鲍德温早已在等待他的末日了。

最后一位拉丁帝国君主鲍德温统治时期非常漫长，但他一半以上时间都在帝国之外度过。他游走于西欧各国的宫廷，试图寻求支援，让他的帝国免于灭亡。他所获甚少，最大的收获是在 1244 年从法国国王圣路易（路易九世）那里拿到了一笔可观的钱财，不过此前他已经为这位神圣的国王献上了一系列圣物，包括摩西的手杖、施洗者约翰的下颌骨，以及耶稣的荆冠。

1261 年，鲍德温处于前所未有的恶劣境况之中。他被迫剥下宫殿屋顶的铅皮向威尼斯人换取现款，并焚烧庭院之中的树枝来节省购买燃料的开支。他将儿子兼皇储抵押给威尼斯卡佩利银行以换取贷款，而卡佩利家族给帝国财政提供的少量借款所能找到的抵押物也只有这个孩子了。在如此绝望的境况之下，君士坦丁堡不可能再进行什么抵抗了。当威尼斯舰队这一拉丁帝国最后的抵抗力量出海远航时，城市遭到了一次突然而无预谋的进攻，其指挥官是皇帝米哈伊尔在色雷斯地区的指挥官阿莱克修斯·斯特拉特戈普洛斯。

　　阿莱克修斯得到了城中人的帮助，带着 800 名常备军和少量几乎没有装备的志愿部队入城。在这支部队面前，十字军的继承者们卑怯地逃亡了，而拉丁帝国就此迎来了理所应当的屈辱结局。

　　拉丁帝国的君主继续前往西欧乞讨援助，在教宗和西欧的君主耳边喋喋不休，请求派出援军为他收复丢失的国土。但他直到去世依然一无所获，唯一留下的是一个绝望并四处求援的君主形象，这成了这一时期浪漫小说的经典形象之一。他的故事在西欧几乎无人不晓，他在至少 50 个骑士传奇小说之中成为失去国土的君主形象的原型。

第 24 章

帝国衰朽

拜占庭帝国终于复国了。泛泛来看，帕列奥列格王朝的历史就如同伊萨克·安格鲁斯和他兄弟执政时代的自然延续。如果米哈伊尔八世和他儿子执政的历史放在阿莱克修斯三世之后，拉丁人征服的这段时期几乎可以毫无问题地忽略掉，读者甚至不会觉得影响了历史的延续性。而法兰克人对君士坦丁堡的统治阶段以及英雄般的尼西亚帝国，则会被完全忽略。

我们当然不应持这种看法。1204 年与 1270 年的拜占庭帝国的相似之处看上去很多，然而实际上已经发生了剧变。最明显也最容易从外部得知的变化，就是米哈伊尔·帕列奥列格控制的领土远比阿莱克修斯·安格鲁斯控制的领土要小。在亚洲损失的领土比预想的要小，因为塞奥多里·拉斯卡里斯和约翰·杜卡斯成功抵御了突厥人的侵袭，只有两个相对较小的区域——皮西迪亚南部滨海的安塔利亚，以及帕夫拉戈尼亚北部滨海的锡诺普——落入了穆斯林手中。此外遥远的本都行省已归属特拉布宗帝国。

在欧洲丧失的领土则要多得多，帝国彻底失去了 4 块重要的领土。其一是巴尔干山脉南侧一线，色雷斯和马其顿的北部落入了保加利亚人手中，并彻底斯拉夫化。其二是今阿尔巴尼亚地区，当塞萨洛尼基的安格鲁斯家族统治者被约翰·杜卡斯击败时，这个家族的一个年轻成员逃到了这个王朝起家的山地，建立起所谓的伊庇鲁斯专制君主国。这里的安格鲁斯家族延续了几代统治，坚持反对君士坦丁堡的皇帝，与希腊南部的拉丁王公们结盟。

其三，米哈伊尔八世没能收复的拜占庭帝国旧地还有希腊地区，此时这里被维尔阿杜安家族的亚该亚公国与继承了雅典公国的布列讷家族瓜分。然而帕列奥列格家族依然在伯罗奔尼撒半岛上控制着一部分领土，并在此后蚕食周边法兰克王公的土地。最后就是爱琴海的岛屿，其中的大部分或是被威尼斯政府直接管理，或是被威尼斯的冒险家占据，成为承认威尼斯共和国宗主权的自治领地。

然而 1204 年与 1261 年帝国在领土上的变化仅仅是帕列奥列格王朝羸弱的原因之一。尽管阿莱克修斯三世执政时帝国政府内部混乱不堪，却依然有恢复的可能。东罗马帝国的经济管理体系尽管被无视，却没有被遗忘，在慧眼识人、唯才是举的皇帝统治之下依然有可能恢复。官僚系统之中的新鲜血液，加上皇帝本人紧密掌控政府的运行，就足以改善帝国政府的境况，纵使社会深层次的衰朽已经无药可救。然而在米哈伊尔·帕列奥列格的时代，连改良的可能都不复存在了。尼西亚帝国三位能力出色的皇帝，尽管在突厥人与法兰克人的夹缝之中保持了独立，却没能恢复帝国此前高效的行政体系。节俭的约翰·杜卡斯纡尊降贵亲自养鸡，以获取微薄的资金，却发现他保护本土生产的努力根本无法让枯竭的财政重新充裕起来。帝国的财政与管理体系已经令人绝望地崩溃了。

正是商业上的崩溃让帝国无力再实现行政改革。帕列奥列格王朝无法和旧日的帝国一样掌控海洋，更无法进而垄断基督教世界的贸易。拜占庭帝国旧日的财富源自君士坦丁堡作为西方文明世界贸易中心的地位，叙利亚和波斯的商队纷纷前往此地，埃及和黑海的船只也向这里航行。所有西欧所需的东方货物都要从君士坦丁堡的仓库中转运，而西欧各国几个世纪以来已经习惯了到这里采购。然而十字军动摇了帝国的垄断地位。意大利人得知了此前他们不清楚的叙利亚与埃及的港口，因此可以越过中间人，直接和生产者贸易。1204 年君士坦丁堡陷落之前，阿克与亚历山大里亚的繁荣已经分走了大量的贸易额。但拉丁人的进攻才是致命一击，他们将博斯普鲁斯海峡贸易的控制权交给了威尼斯人，而威尼斯人绝不想把君士坦丁堡当作贸易中心，他们已经在和叙利亚与埃及的港口进行贸易了。对他们而言，这座城市不过是黑海贸易的重要中转港口和马尔马拉海周边地区商品的采购点。自1204 年起，意大利取代了君士坦丁堡，成为欧洲贸易的中心和中转站，各个意大利的共和国也竭尽所能阻止希腊舰队恢复旧日的强势。自此拜占庭帝国的舰队一蹶不振。而没有海军的帕列奥列格王朝既无法驱逐入侵者，也无法保证他们自己的贸易船只能向黎凡特自由航行。

在光复君士坦丁堡之后登上皇位的皇帝们，无一例外都不适合统治这个衰朽的帝国，没有哪一位展现了足够的能力与勇气以

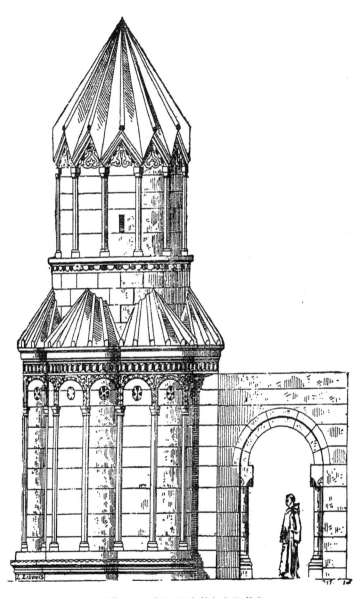

亚美尼亚古都阿尼的拜占庭礼拜堂

（出自 "L' Art Byzantin", Par C. Bayet. Paris, Quantin, 1883）

面对当前的灾难。尼西亚帝国拉斯卡里斯家族的三位君主都是坚定的军人与干练的管理者，但返回君士坦丁堡之后，他们的精力便日渐衰竭。此外，沦为废墟的首都之中的阴郁气氛，似乎也影响了统治者的精神。

米哈伊尔·帕列奥列格尽管有幸收复了能力更强的前人未能收复的首都，却只是个狡诈的阴谋家，而非政治家或者统帅。在使用卑鄙之极的手段篡夺了年幼君主的皇位之后，他总是担心自己遭受同样的命运。多疑与残忍是他最明显的性格特征，而他为了保护自己，甚至不顾帝国的利益。甚至连当时的编年史家也注意到，他在蓄意削弱帝国，因为他畏惧臣民的怨恨。他解散了几乎所有的本土部队，也尽可能不委任希腊人担任指挥官。

他在这一方面的某个细微的举动，让突厥人中的奥斯曼部这个帝国未来的毁灭者，得以脱颖而出并开始征服运动。帝国的亚洲边境地区由当地的民兵防守，他们通过守卫比提尼亚与弗里几亚群山之中的城堡与关隘，换取耕种军役土地的权利。这样的安排与欧洲的封建制有一定的相似之处，而且也颇为有效。拜占庭帝国在伊科尼乌姆的塞尔柱苏丹的压力之下，仍令亚洲边境维持一个半世纪的安稳。然而比提尼亚的民兵向来忠于杜卡斯家族，因此米哈伊尔篡夺了杜卡斯家族的皇位后就要解散这些民兵。执行这个计划的过程中还出现了流血事件。然而解散这些民兵之后，米哈伊尔并没有安排足够的常备军来防守这里。紧张的财政让米哈伊尔无法长时间维持大规模的部队，但在废止了此前的防御体系之后，他在东部防线又必须安排大批驻军。奥斯曼土耳其人的早期领袖奥斯曼在 10 年间将他继承的小部族发展成奥斯曼帝国的核心，他扩张的道路无疑因为多疑的米哈伊尔解除了自己边境的防御部队而畅通无阻。

　　米哈伊尔在收复君士坦丁堡之后执政了 21 年，然而他在余下的执政时期里没有取得任何重大胜利。在欧洲，他在保加利亚人、法兰克人，以及热那亚与威尼斯的舰队夹击之下勉强维持。被两个海上强权夹击很大程度上是他自作自受，因为他在两者之间朝秦暮楚，让双方都不再与他结盟。尽管他的执政时期一直都在和其中的某一个共和国交战，他的多疑又让他在和一方作战时并不能保证能获取来自另一方的支援。威尼斯是法兰克人攻占君士坦丁堡的始作俑者，因此米哈伊尔可能原本计划与热那亚人坚定地保持联盟关系。然而热那亚人忙于进行黑海贸易，这直接影响了皇帝的收入，而威尼斯人主要的贸易对象叙利亚和埃及则与他的利益不甚相关。在利害问题上举棋不定的米哈伊尔，在两者之间不断摇摆，其结果就是，他的海岸线时常因此遭到侵略，而他羸弱的舰队则躲在金角湾之中，任敌人的舰船在海上横行无忌。在陆地上，他没有这么不幸，雅典公爵和伊庇鲁斯专制君主都被他击败。尽管如此，他没能迫使任何一方臣服。

　　米哈伊尔统治时期，最不幸的事发生在亚洲。在他执政后期，塞尔柱人尽管因为伊科尼乌姆的苏丹国崩溃而瓦解成一系列独立政权，却依然联合侵袭帝国的边境。他们征服了卡里亚和吕底亚内陆地区，仅仅因为特拉里斯和其他一些城市的英勇抵抗，米哈伊尔才得以在小亚细亚西南部保住沿海的狭长领土。类似的灾难也发生在比提尼亚东部，突厥人一路侵入萨卡里亚河流域。

　　然而拜占庭帝国在亚洲领土的彻底沦陷发生在米哈伊尔的儿子兼继承者安德洛尼库斯二世在位期间。这位君主不仅继承了父亲的所有缺点，包括轻佻、无信和残忍，还多了米哈伊尔不曾有

安德洛尼库斯二世跪拜天主（出自 "L' Art Byzantin", Par C. Bayet. Paris, Quantin, 1883）

的怯懦和迷信。他为废立君士坦丁堡牧首浪费了大量时间。没有哪个教士能受得了他，正因如此，他在执政时期至少罢黜了 9 位君士坦丁堡牧首。

在安德洛尼库斯忙于和牧首争执时，帝国日益衰朽。小亚细亚高原的塞尔柱领主不断向海滨推进，已经抵达以弗所与士麦那城下。当突厥人抵达马尔马拉海，威胁尼西亚和布尔萨时，皇帝终于警惕起来，制订了前所未有的大计划以击退他们。

1302 年，由西西里晚祷事件引发的安茄王室和阿拉贡王国之间的漫长战争终于结束，被争夺西西里王位的两个势力雇用的大批雇佣军此时便无事可做了。安德洛尼库斯希望雇佣西西里战争的老兵们把突厥人赶回群山之中。整个欧洲都清楚，他们是基督教世界最勇敢坚定的部队，不过也是最残忍而且无法纪的兵痞。皇帝为此与罗杰·德·弗洛联系——这个背弃圣殿骑士团的人是阿拉贡国王腓特烈的佣兵指挥官——请求他召集尽可能多的追随者为自己服役。罗杰欣然接受了皇帝的提议，在 1303 年带着 6000 雇佣军抵达君士坦丁堡，余下的追随者随后赶来。安德洛尼库斯给罗杰·德·弗洛自称的"大佣兵团"提供了无尽的许诺，以及一笔现款。罗杰本人受封"海军司令"，并与皇室的公主成婚。在肃清比提尼亚滨海地区的突厥人之后，"大佣兵团"在 1303—1304 年的冬季屯驻在马尔马拉海南岸。他们的抢掠与傲慢很快激起了当地居民的反感，居民们抱怨称这些人和突厥人一样可恶。次年，罗杰率部向南，将突厥人赶出吕底亚和卡里亚。然而他并没有把这些土地归还给皇帝，而是命自己的部下控制堡垒，并提高税额以谋取利益。他无疑想要窃据他收复的省份，在以弗所作为独立的君主统治。罗杰甚至对菲拉德尔斐亚发动围攻，因为当地居民听从君士坦丁堡的命令，拒绝打开城门迎接他。安德洛尼库斯此后诱骗他到阿德里安堡会面，在皇帝的面前，这个成功的雇佣军头领被阿兰人乔治刺杀，因为乔治的儿子此前在斗殴之中被罗杰的士兵杀死。无法确定这场谋杀是不是皇帝本人安排的，但可以确定他拒绝逮捕执行谋杀的人（1307 年）。

而安德洛尼库斯也遭到了惩罚。"大佣兵团"并未因失去领袖而陷入混乱，此时他们只想着报复。他们紧急集合起来，把小亚细亚留给突厥人，向君士坦丁堡进军，一路残忍而疯狂地杀戮。皇帝派儿子米哈伊尔率部抵抗，但年轻的皇子在加利波利和阿普罗斯的两次战斗之中均屈辱战败。雇佣军蹂躏了色雷斯全境，一路劫掠，直达君士坦丁堡城下。拉丁人似乎将要再度占据君士坦丁堡，因为"大佣兵团"得到了来自西欧的支援，集结起了自己的突厥仆从军，在色雷斯盘踞了两年。然而他们无法攻破君士坦丁堡或阿德里安堡的城墙。最终，经过了两年的劫掠之后，色雷斯已经一无所有，"大佣兵团"因为缺粮而被迫离开。他们向西南方向离开，进入马其顿和色萨利进行破坏，并最终抵达希腊本土。他们与雅典公爵布列讷的瓦尔特爆发了争执，和他开战，将他杀死并占据了他的首府。这个四处流窜的佣兵团终于在此安定下来，占据了雅典公国，瓜分了这片封地，并建立起新的统治。帝国躲过了一劫，毕竟"大佣兵团"一旦安定下来，就不再是威胁了。

这场佣兵制造的灾难不但破坏了色雷斯和马其顿，也成了拜占庭帝国彻底丧失小亚细亚领土的直接原因。在安德洛尼库斯软弱地抵御"大佣兵团"时，塞尔柱领主们再度占据了吕底亚和弗里几亚，而后继续进军密西亚和比提尼亚并发动围攻。1325 年，他们已经把皇帝在海峡以东的领土压缩成了狭长的带状——从达达尼尔海峡延伸到博斯普鲁斯海峡的北侧出口，南到比提尼亚山地为止。5 个塞尔柱领主在征服的领土上各自建立起独立政权：南面的曼特什部、吕底亚的艾丁部和萨鲁汉勒部、密西亚的卡拉西部，以及比提尼亚地区的奥斯曼部——未来他们将从那些近乎被遗忘的同辈之中脱颖而出。

当奥斯曼部和其他部族把曾经人口稠密的小亚细亚西部变为只有少量游牧民居住的荒野时，安德洛尼库斯二世正忙着进行一场比"大佣兵团"战争更没有必要的内战。他想要废掉原本的皇储——与他同名的孙子，但小安德洛尼库斯却竭尽所能自保，并集结起一支军队。祖孙在不久之后便爆发了漫长但并不激烈的内战，直到 1328 年才结束。老皇帝最终承认孙子为继承人，并立他为共治皇帝。但小皇帝并不满意，而是迫使老皇帝停止处理国务，让自己完全掌控帝国政府。安德洛尼库斯二世的名字依然和安德洛尼库斯三世的名字一同出现在金币上，出现在祈祷文之中，然而老皇帝已经无法掌控帝国了。1332 年，高寿的老皇帝终于逝世，而帝国之中没有任何一个人为这个执政了 50 年的君主哀叹。他留下的帝国，比起他继承的帝国，只剩下 2/3 了。

第 25 章

土耳其人在欧洲的扩张

　　安德洛尼库斯三世比被他取代的那个无能老朽要好一些。他和家族的其他人一样背信弃义、反复无常。他一生放纵而热衷奢侈，然而至少可谓积极与勤奋。他可以说是曼努埃尔一世的弱化版。两人都擅长打猎，在竞技场和战场上同样是勇悍的骑士，也同样大量耗费钱财。安德洛尼库斯三世就算没有足以维护帝国的才能，至少在竭力奋斗，而不是像他的祖父安德洛尼库斯二世那样安居在深宫之中，任宫外的一切衰朽毁灭。

　　即使如此，安德洛尼库斯三世最终还是无法挽回安德洛尼库斯二世造成的恶果——拜占庭帝国的亚洲领土全部落入突厥人手中。他需要面对的只有奥斯曼部，因为不断萎缩的帝国领土已经不再和其他任何一个塞尔柱部族的领土相邻了。

　　在此有必要对这个帝国的新敌人稍作介绍。埃尔图鲁尔之子奥斯曼本是塞尔柱罗姆苏丹国的臣属，在弗里几亚的高地得到了一片封地，作为与希腊人作战的回报。他的封地位于小亚细亚中央的广阔高原的西北角，在远方是比提尼亚的山地——那里的堡垒保护着山间的道路，由当地的民兵驻守，直到米哈伊尔·帕列奥列格的倒行逆施彻底瓦解了这一地区的防御。奥斯曼和他的父亲埃尔图鲁尔在这片山地没有任何领土，若不是米哈伊尔提供机会，本来无法向前推进。1270 年之后，民兵不复存在，奥斯曼的追随者们也就不必面对竭力守卫自己家乡的地方武装，而只需要对付漫长战线上数量严重不足的常备军。

奥斯曼一生之中经历了两个重大事件，其一是安德洛尼库斯二世在君士坦丁堡的灾难统治，其二则是发生于小亚细亚的类似灾难——他的宗主罗姆苏丹国的灭亡。1294 年，最后一位合法的且无争议的塞尔柱苏丹吉亚斯丁在平叛时被杀。1307 年，最后一位自称苏丹的贵族阿拉丁三世在流亡之中死去。奥斯曼因此成了独立的君主，但他并没有就此自封苏丹，而是使用相对谦卑的头衔埃米尔。

奥斯曼在 1281—1326 年都在拜占庭的比提尼亚和密西亚边境地区活动。他并不是与帝国领土相邻的塞尔柱领主之中实力最强的一个，毕竟他花了 20 年才征服一座大城市。他部族里野蛮的骑兵在比提尼亚开阔的滨海平原一次次地发动劫掠，直到不幸的居民或者逃亡，或者承认他的宗主权。但城镇受到坚固的罗马城墙的保护，而他只有轻骑兵，自然无法攻城。对这一地区的首府与关键城市布尔萨的围攻持续了 10 年。突厥人建起一系列堡垒，于是向城中运输补给越来越困难，以至于每一支运粮队都需要大批部队护送。居民们最终认定自己没有必要坚守到断粮。布尔萨在

1326 年开城投降，弥留之际的奥斯曼在病榻上得知了这个消息。突厥人将边境推进到马尔马拉海的海滨。自十字军于 1097 年将他们击退之后，他们第二次重返此地。

奥斯曼的儿子奥尔罕是第二任奥斯曼埃米尔，他的在位时间几乎与安德洛尼库斯三世重叠。这两人中，一人的损失全部为另一人的所得。奥尔罕一生忙于完成他父亲发起的对比提尼亚的征服。他在 1327 年夺取尼科米底亚，在 1333 年夺取尼西亚以及所有周边地区。这样安德洛尼库斯控制的领土只剩下查尔西顿，以及君士坦丁堡在博斯普鲁斯海峡另一侧的少量领土。奥尔罕仅仅和皇帝进行了一次阵地战，即 1329 年的佩勒卡诺斯之战。安德洛尼库斯在当天上午受伤，他的部队因为失去指挥而陷入混乱，遭受了严重损失。伤好之后，皇帝再也没有与奥斯曼人交战过。

征服了比提尼亚之后，奥尔罕迫使邻近的其他塞尔柱埃米尔向他称臣，而后开始整顿政权。著名的耶尼切里（意为"新军"）就在这一时期建立，他们是东方第一支常备步兵。他命令密西亚与比提尼亚的基督徒臣民支付贡赋，不过不征收钱财，而是要求交出男童。这些男孩很小就被带走，送进兵营之中，接受最严格、最狂热的穆斯林教法教育，并学习如何使用武器。已经拥有足够的轻骑兵的奥尔罕决定让新军步行作战，使用弓箭与弯刀。他们训练有素，紧密行动，并在接下来相当长的一段时间里横行无忌，无人可当。他们的纪律是如此严格，以至于没有任何一个新军士兵逃离军营、皈依基督教的记载。为了保证他们的忠诚，他们不只是被军法与教规约束，还被奖励以光明的前途。奥斯曼君主往往从新军之中选择将军、官员与私人随从。据统计，14—16 世纪，土耳其 2/3 的大维齐都来自新军。

第一代的耶尼切里在奥尔罕执政后期成长为适龄的军人。而奥尔罕是第一个将他们派往博斯普鲁斯海峡欧洲一侧的人。

安德洛尼库斯三世在 1341 年逝世，衰弱的帝国陷入主少国疑的危险之中。他的儿子约翰五世此时年仅 9 岁，这恐怕是加速帝国灭亡的最便利因素了。困局一如既往地出现，而在所难免的内战也将很快爆发。

此时的反面角色是约翰·坎塔库泽努斯，先皇政府中的一位主要官员。他聪明、善变而阴险，热衷于文学，但在军事与政治上的能力都有限。然而他清楚帕列奥列格王朝是如何建立的，因此打算模仿米哈伊尔八世。此时的情况和 1258 年一样，肆无忌惮的大臣首先成为共治皇帝，再排挤自己的年轻君主。坎塔库泽努斯竭尽所能用米哈伊尔八世的方式来对待米哈伊尔的玄孙。他用贿赂与阴谋在帝国之中拉帮结派，并准备在时机成熟时发动政变。但是坎塔库泽努斯实在称不上成功的篡位者。他顾虑重重又颇多迷信，还热衷拖延，这让他无法抓住机会。皇太后萨伏依的安妮成功集结了反对他的党派，当他撕下面具自立为帝时，却已经无法控制首都，纵然他已经在城下集结了军队。坎塔库泽努斯发现形势对自己不利，便采取了一个常见的行动，即请求国家的敌人来帮助他。这是拜占庭帝国历史上的最后一次，但带来了前所未有的致命后果。僭位者首先寻求塞尔维亚国王斯特凡·杜尚的支援，又在不久之后向爱琴海对岸的突厥王公们求援，包括奥斯曼之子奥尔罕与其对手艾丁埃米尔阿穆尔。

这些盟友让坎塔库泽努斯免于落败，然而也因此毁灭了他觊觎的帝国。斯特凡率部进入马其顿和色雷斯，占了全部乡村地区，仅有塞萨洛尼基等少数城镇得以幸免。他随后向南推进，征

皇位上的约翰·坎塔库泽努斯

服了色萨利，并迫使伊庇鲁斯专制君主臣服于他。拜占庭帝国政
府拥有的领土只剩下首都，以及阿德里安堡和塞萨洛尼基的周边
地区。大部分乡村彻底丢失，一个塞尔维亚强权似乎要在巴尔干
半岛建立起来了，此时斯特凡率部从塞尔维亚南下，定都于马其
顿的斯科普里，并自称"塞尔维亚人与罗马人的皇帝"。

若斯特凡得以征服君士坦丁堡并终结拜占庭帝国，对基督教
世界或许是个好事。这样巴尔干半岛将统一在一个强权之下，能

够面对此后突厥人的侵袭。然而杜尚无力夺取这座大城市，他在
1355 年逝世，留下一个从多瑙河延伸到温泉关的庞大帝国。他的
幼子乌罗什很快就被刺杀，塞尔维亚帝国旋起旋灭。十几个独立
王公开始争抢斯特凡的遗产。

　　坎塔库泽努斯的另一个同盟是突厥领主阿穆尔与奥尔罕，他
对他们的依赖远多于对塞尔维亚人的依赖。他把大批突厥骑兵带
进了色雷斯，任他们在乡间袭扰破坏，任他们把数以千计的帝国
臣民掳掠到士麦那与布尔萨的奴隶市场贩卖。但坎塔库泽努斯堕
落的极点是把女儿塞奥多拉嫁给了奥尔罕，送进突厥人的后宫。
色雷斯很快在坎塔库泽努斯的奥斯曼仆从军侵袭之下变为荒野。6
年的战争之后，皇太后安妮终于承认这个僭位者为合法皇帝的庇
护人。双方签署了空洞的和约，两个约翰共同统治沦为废墟的国
度（1347 年）。他们内战的直接结果就是马其顿和色萨利落入了
塞尔维亚人手中，而色雷斯则被突厥人彻底毁灭。余下的只有君
士坦丁堡、阿德里安堡、塞萨洛尼基以及伯罗奔尼撒半岛的部分
领土，完全无法称作帝国。坎塔库泽努斯可以和伊萨克·安格鲁
斯与阿莱克修斯·安格鲁斯并列，作为引导东罗马帝国灭亡的三
个元凶而遗臭万年。

　　但他的恶行并未到此为止。他和约翰·帕列奥列格共治了 7
年，其间为了收复杜尚占据的土地与塞尔维亚开战，却以失败告
终。1354 年，24 岁的小皇帝决定自行执政，通过武力推翻了他的
庇护者。坎塔库泽努斯进行了抵抗，并到亚洲寻求女婿奥尔罕的
支援。后者渡海来到色雷斯，从帕列奥列格王朝的支持者手中夺
取了几座堡垒。但约翰·帕列奥列格从海上发动夜袭，攻占了君
士坦丁堡，并幸运地将坎塔库泽努斯本人逮捕。失败的篡位者按

照惯例被送进修道院软禁，不过幸运的是，他没有失去双眼，并得以通过撰写史书聊度余生。

但奥尔罕的突厥大军仍然在色雷斯，因此战胜坎塔库泽努斯的意义很有限。奥斯曼人来的时候是援军，现在却要自行其是了。奥尔罕的儿子苏莱曼占据了加里波利，向城中迁移了大批突厥居民，让他们在这里永久定居。这是奥斯曼帝国在欧洲的第一个据点，而且它很快将占据更多据点。

奥尔罕在 1359 年逝世，他的继任者穆拉德一世决心凭借自己的武力进入欧洲。约翰·帕列奥列格并不比之前的约翰六世更糟糕，然而因为约翰六世，他可用的资源已经枯竭了。在色雷斯，穆拉德花了两年时间从马尔马拉海滨打到黑海沿岸。1361 年，在阿德里安堡的决战重创了帝国，帝国彻底沦为一颗没有身体的头颅。在君士坦丁堡的城墙之外，只剩下塞萨洛尼基周边地区和伯罗奔尼撒半岛。

穆拉德为何没有继续进攻君士坦丁堡，我们很难说清。可能是因为城墙依然坚固，也可能是因为热那亚人和威尼斯人能保护其靠海的一侧。然而持续的围攻总有一天能战胜无法移动的石头和砂浆，毕竟城中根本没有充足的驻军。但是穆拉德的目标是比赢弱的帕列奥列格王朝更有利可图的敌人。他一生坚持与塞尔维亚人、保加利亚人，以及小亚细亚南部的塞尔柱埃米尔们作战，并取得了成功。在 30 年的执政时期之中，他把领土北界拓展到了巴尔干半岛的山脉，并吞并了大片其他埃米尔控制的小亚细亚领土。

约翰·帕列奥列格成了他谦卑的臣属与奴仆。在寻求教宗帮助的尝试无果而终之后，这个丧失了国土的皇帝签署了勉强可以接受的协议，并因为穆拉德赏赐给他和平而欣喜。突厥人是严苛的宗主，乐于给附庸下达强人所难的命令。约翰作为附庸所做的最著名的事就是参与围攻菲拉德尔斐亚。这里在拜占庭帝国的全部亚洲领土陷落之后依然保持着独立。它在吕底亚遥远的群山之间，失去了与君士坦丁堡的联系，成了自由城镇。穆拉德为了迫使其臣服，逼迫约翰五世和他的儿子曼努埃尔亲自率部进攻亚洲的最后一个基督徒据点，皇帝同意了这个屈辱的要求。菲拉德尔斐亚居民看到突厥帕夏的营地中出现了帝国的旌旗，于是不战而降。查士丁尼与"保加利亚人屠夫"巴西尔的继承者竟为暴发户般的突厥埃米尔牵马坠镫，只求后者铲除自己自由的同胞。帝国的屈辱已经到了极点。

第 26 章

长卷终结

　　拜占庭帝国最后 75 年的历史几乎是一部地方志，它不再是基督教世界历史之中的重要组成部分了。突厥人穆拉德本来可以在 1370 年夺取君士坦丁堡，即使如此下一个世纪的东欧历史也不会因此有多大改变。1370 年之后，拜占庭帝国不再是"基督教世界阻挡穆斯林的堡垒"。此时这个任务落到了塞尔维亚人和匈牙利人肩上，他们在接下来的一个半世纪里继续抵抗。帕列奥列格王朝已经屈辱地投降了突厥人，借而延长了帝国的寿命，即使其存在的意义与正当性早已全部丧失。

　　如果君士坦丁堡在 1370 年而非 1453 年陷落，那么欧洲历史应当只会在两个方面出现变化。首先，热那亚和威尼斯的商业资源会更早枯竭，通过好望角与印度进行贸易的路线将来不及取代君士坦丁堡。其次，我们可以认为，文艺复兴的势头将有所减缓，

曼努埃尔·帕列奥列格与家人（同时代细密画，出自 "L' Art Byzantin",
Par C. Bayet. Paris, Quantin, 1883）

因为若是此时希腊语资料涌入意大利，那么意大利人还不具备足够的学识来接纳这些知识。但在其他方面，很难说君士坦丁堡在14世纪末而非15世纪中期陷落能够带来什么改变。

当穆拉德忙于征服塞尔维亚与保加利亚时，约翰·帕列奥列格则在经历漫长而屈辱的人生。他已经执政超过半个世纪，然而执政后期因为儿子的不孝而纷扰不断。他的儿子安德洛尼库斯两度发动叛乱，还曾经短暂窃据皇位。安德洛尼库斯和穆拉德的儿子萨乌吉结盟，后者同样试图推翻自己的父亲。然而穆拉德轻松平息了这次叛乱，刺瞎了自己儿子一只眼，并把安德洛尼库斯用绳索捆绑好送给约翰五世，要求他以同样的方法处置叛徒。但约翰没有完全执行这一刑罚，让安德洛尼库斯保留了一定的视力，后者因此得以再度发动叛乱。

因为皇储的大逆不道，年迈的约翰决定剥夺他的继承权。当他在1391年逝世时，他把皇位留传了二儿子曼努埃尔，而非长子。曼努埃尔二世在帕列奥列格家族之中可谓出众，展现了一些才干。然而一个仅仅控制君士坦丁堡、塞萨洛尼基和伯罗奔尼撒的君主，有才干又能怎么样呢？他既没有军事力量，也没有资金来摆脱突厥人的统治，只能等待机会。

然而曼努埃尔确实等到了摆脱宗主奥斯曼人的机会。1402年，大批游牧军队在著名的征服者"跛子"帖木儿的率领之下进入小亚细亚。穆拉德一世的继任者巴耶济德苏丹出兵抗击入侵者。然而他在加拉提亚的安卡拉战败，奥斯曼帝国几乎就此灭亡。巴耶济德本人被俘虏，他忠实的新军被歼灭，他的轻骑兵则四散逃亡。帖木儿的大军席卷了小亚细亚，占领了奥斯曼苏丹国的首都布尔萨，并让所有已经对穆拉德宣誓效忠的塞尔柱埃米尔复位。巴耶济德在被俘期间逝世，他的儿子们开始争夺他帝国残存的领土。苏莱曼夺取了阿德里安堡，伊萨占据了尼西亚，两人都自封苏丹。

对曼努埃尔而言，这是极其罕见的机会。盗贼失手了，而只要失主做对选择，就有机会拿回本来属于自己的一切。控制海峡对这两个突厥苏丹僭位者而言都至关重要，以至于曼努埃尔得以迫使苏莱曼开出高价换取自己的支持。为了阻止伊萨渡海，控制奥斯曼帝国欧洲领土的苏莱曼向皇帝割让了塞萨洛尼基、斯特利蒙河下游、色萨利沿海地区，以及从博斯普鲁斯海峡到瓦尔纳的一系列黑海港口。

一时间，曼努埃尔再度拥有了一片称得上帝国的领土，只要奥斯曼苏丹国继续内战，他就能保住自己的土地。巴耶济德的儿子们的战争持续了 10 年，苏莱曼被兄弟穆萨杀害，伊萨被兄弟穆罕默德杀害，剩下的两人继续作战。大部分的东方帝国都会因此瓦解，毕竟建立一个新政权比维持一个分崩离析的旧政权要容易得多。然而巴耶济德的幼子穆罕默德是个天才人物，他成功战胜了最后一位兄长，将奥斯曼苏丹国余下的领土统一起来。小亚细亚的塞尔柱埃米尔们已经控制了大片土地，塞尔维亚人和曼努埃尔也夺取了他们的不少欧洲领土。然而到了 1421 年，余下的土地也被穆罕默德统一了。曼努埃尔幸运地在这次内战的后期持续支持穆罕默德，他的盟友因此允许他掌控 1403 年与苏莱曼签约之后获取的所有领土。

1402—1421 年，欧洲得到了摆脱奥斯曼苏丹国的绝佳机会，但不幸的是没有人抓住这一良机。本来理应牵头发动进攻的是匈牙利国王兼神圣罗马帝国皇帝西吉什蒙德。然而此时西吉什蒙德正忙于和波西米亚的胡斯武装交战。这次漫长的战争迫使匈牙利人在南方急需军力时把军队调往北方。塞尔维亚人尽管得以在安卡拉之战后重获自由，但由于缺乏强有力的支持，因此也无力把突厥人赶出巴尔干半岛。塞尔维亚人和马扎尔人之间没有多少感情可言，除非穆斯林的入侵迫在眉睫，否则他们根本不愿协同行动。匈牙利国王一直觊觎塞尔维亚的王位，并不断试图用武力逼迫这个邻国改信天主教。因此双方没有结盟的基础，击退突厥人的十字军也没能成行。

"统一者"穆罕默德在 1421 年逝世，他野心勃勃的儿子穆拉德二世继承了苏丹之位，而君士坦丁堡和基督教世界的黑暗岁月将很快到来。曼努埃尔是最早感受到变化的君主之一。他试图支持另外两个名叫穆斯塔法的僭位者，一个是穆拉德的叔父，另一个是穆拉德的兄弟，他们都意图推翻苏丹的统治。这让 1370 年侥幸免于灭亡的帝国重新感受到了亡国的危险。苏丹向曼努埃尔宣战，夺取了一座又一座因为 1403 年的和约而放弃的堡垒，并最终开始围攻君士坦丁堡。帝国首都的城墙最后一次挡住了入侵者的突袭。尽管穆拉德在东欧的战争史上第一次使用火炮攻城，并建造高耸的攻城塔，派出恐怖的耶尼切里强行突击，但他依然没能取胜。据说城市上出现了神奇的圣母形象，这让希腊守军大受鼓舞。最终，穆拉德的兄弟穆斯塔法在曼努埃尔的资金支持下发动了叛乱，在小亚细亚制造了相当的纷扰，于是苏丹决定撤围，前去平叛。他同意与曼努埃尔议和，但前提条件是割让君士坦丁堡、塞萨洛尼基和伯罗奔尼撒省份之外的全部领土。帝国再度沦为奥斯曼苏丹的附庸（1422 年）。

曼努埃尔二世在 3 年后以 77 岁高龄逝世。他是君士坦丁堡最后一位得到幸运之神眷顾的皇帝。帝国的最后 30 年落入了无尽的

拜占庭细密画中的阿拉伯式蔓藤花纹

深渊之中。

曼努埃尔的继承者是他的儿子约翰八世，后者在执政期尽力维持和平，根本没有尝试摆脱奥斯曼人的统治。实际上，如果得不到外来的支援，反抗将毫无成功的希望。如曼努埃尔二世所说："帝国现在需要的不是政治家，而是裱糊匠。"条约、战争与联盟不是他的任务，他能做的只有积攒少量钱财，外加修好自己的城墙，而这么低的目标也时常无法达成。

对 15 世纪君士坦丁堡的描述——无论是出自本地的希腊人还是西欧的旅行者——都体现着这座城市的枯竭与衰朽，让后世疑惑为何帝国还没有瓦解。城外的郊区已经沦为荒野，城内也有一半土地几乎无人居住，只剩下纪念这座城曾经的兴盛的废墟。奥古斯都广场旁的宏伟宫殿曾经是许多代皇帝的居所，然而此时已经颓圮殆尽，帕列奥列格皇室只能住在宫殿的一个角落里。圣索菲亚大教堂的门廊已经部分坍塌，而希腊人甚至拿不出资金修复这座代表他们信仰的大教堂。城中的人口只剩大约 10 万人，而且绝大多数穷困至极。君士坦丁堡仍然存在的商贸与财富几乎完全落入热那亚人和威尼斯人的手中，他们在加拉太和佩拉建起配备有防御工事的工坊，城中绝大部分的贸易也都在这里进行。帝国的军事力量此时仅剩大约 4000 雇佣军，其中有许多法兰克人，几乎完全没有出生在帝国领土上的臣民。曾经令东方与西方叹为观止的奢华宫廷已经破败不堪，以至于一名勃艮第的旅行者吃惊地写道，皇后前去圣索菲亚大教堂做礼拜时，身边的陪同者竟不到 8 人。[1]

---

1 Bertrandon de la Broquiere，转引自 Finlay, vol. iii, p.493。

尽管约翰八世谨慎地避免采取任何行动，却依然见证了帝国在君士坦丁堡城墙之外最宝贵的财产的丧失。塞萨洛尼基的长官、他的兄弟安德洛尼库斯背信弃义，把这座城市卖给了威尼斯人，得到了 5 万金币。苏丹因为希腊人不经自己同意就卖掉领土而大怒，他全力攻城，驱逐了威尼斯人，将塞萨洛尼基并入奥斯曼帝国（1430 年）。

关于这位帕列奥列格王朝的最后一位名叫约翰的皇帝，其统治时期的最大特点就是寻求西欧的同情，希望能让帝国获取援助。他决心改宗天主教，祈求慷慨的教宗相助。他为此在 1438 年带着君士坦丁堡牧首和一众主教来到意大利。他出席了在费拉拉和佛罗伦萨举行的宗教会议，并在 1439 年 7 月 6 日于佛罗伦萨庄严宣称两大教会合并。约翰显然没有注意到，此时的教宗欧根尼乌斯四世与 11、12 世纪那些能够废黜君主，并以自己的意愿组织十字军的强势教宗们明显不同。在大分裂之后，教廷在基督教世界之中的威信也大不如前。欧根尼乌斯四世正在巴塞尔的宗教会议上为自己辩护，因为会议的目的就是罢黜他，因此他既没有花多少心思也没有多少力量去援助东方的基督徒。约翰从他那里能够得到的只有一笔现款和 300 名雇佣军。他的舟车劳顿与屈膝投降就换来了这点施舍。

皇帝的背教带来的唯一一个重大影响就是引发了君士坦丁堡尖锐的宗教纷争，大部分不愿意承认教会统一的教士开始攻击那些宣誓皈依天主教的人，特别是约翰本人。他遭到了大多数臣民的抵制。东正教的僧侣们不再为他祈祷，而公众拒绝进入圣索菲亚大教堂，因为那里改用了罗马教廷的弥撒仪式。大部分希腊人的观点被海军司令约翰·诺塔拉斯表达了出来："即使是苏丹的头巾也胜过枢机主教的帽子。"

在约翰八世执政的最后几年，波兰的拉迪斯拉斯和匈牙利的匈雅提对奥斯曼帝国发动了大规模进攻。一时之间，英勇的联军在边境地区出色的大领主的协助之下，看上去或许能够为基督教世界收复巴尔干半岛的领土。他们将穆拉德二世赶到了巴尔干山区另一侧，在索非亚取得大胜。然而瓦尔纳之战的惨败（1444年），让拉迪斯拉斯国王阵亡。这一战之后，明显无人可抵挡奥斯曼人的锋芒了。约翰在城中静观其变，仿佛这与他毫不相干。他已经谨慎到不敢动一个手指头来支援匈牙利人，因为他清楚，如果冒犯了苏丹，自己就时日无多了。

约翰八世在 1448 年逝世，苏丹穆拉德则在 1451 年逝世。约翰的继任者是他的兄弟君士坦丁，也就是拜占庭城中最后一位基督教君主；而穆拉德的继任者是他年少的儿子——"征服者"穆罕默德。君士坦丁和兄长一样倒向了罗马教廷，也因此遭到了所剩无几的臣民们的怀疑与冷待。他是帕列奥列格家族最优秀的统治者，勇敢、虔诚、慷慨而宽厚。就像以色列国王何西阿一样，"他不像之前的国王那样邪恶"，却注定要为先人的罪恶与愚蠢承受责罚。

穆罕默德二世是奥斯曼苏丹之中最有威望的一位，他从最初就决心夺取君士坦丁堡，将那里作为自己的首都。他需要一些借口才能进攻自己的臣属，而他最终选择的理由是君士坦丁本人此前的一次颇不明智的冒犯行为。君士坦丁堡城中有一个名叫奥尔罕的王子，穆罕默德支付了一笔可观的保证金，要求君士坦丁保证不让此人参与任何阴谋。然而一些原因刺激君士坦丁索取更多的钱款，并向穆罕默德暗示奥尔罕也有理由继承苏丹之位。这样的借口对穆罕默德而言足够了，他根本不宣战，而是直接开始集结部队和攻城技师，并在距离君士坦丁堡仅仅 4 英里之外的博斯普鲁斯海峡最狭窄处，在仍归属希腊的领土上建造堡垒，打算切断该城与黑海的联系。皇帝不敢抗议，但当奥斯曼人开始拆毁附近颇受珍视的教堂以获取石料时。一些希腊人拿起武器赶走了采石者。奥斯曼卫队立刻将他们砍杀。君士坦丁要求苏丹进行赔偿，而穆罕默德也玩腻了狼和羊的争执，向他不幸的附庸公开宣战（1452 年秋）。

奥斯曼人的轻装部队迅速开始封锁君士坦丁堡，而苏丹开始在阿德里安堡集结大批火炮，并在亚洲一侧的海港建造一支庞大的舰队。围攻将在次年春季开始。

帝国此时已是在垂死挣扎，君士坦丁清楚这一点。他在冬季继续不切实际地向教宗和意大利的海上强国请求支援，以免遭受灭顶之灾。尼古拉斯五世愿意提供支援，毕竟皇帝已经皈依了天主教，此时必须援助他。但教宗能提供的只有一个枢机主教、一笔不多的现款，以及在意大利仓促雇用的几百名佣兵。威尼斯和热那亚能做的更多，但他们已经听腻了"狼来了"的故事，根本没有意识到这将对他们在东方的贸易构成何等威胁。热那亚的乔瓦尼·朱斯蒂尼亚尼仅仅带来了两艘加莱桨帆船和 300 人；威尼斯人提供的援助更少，仅仅命令加拉太的威尼斯督政官将君士坦丁堡城中适龄的威尼斯人武装起来，协助守城。所有参与君士坦丁堡防守的"法兰克人"，无论是受过训练的佣兵，还是武装起来的平民，数量还不到 3000 人。如果热那亚和威尼斯能再选择一次的话，那么他们各自将会投入 100 艘加莱桨帆船和 2 万作战部队。

君士坦丁自己的部队只有大约 4000 人，但他希望通过征调城

圣索菲亚大教堂近景

中所有的男性居民来补充兵力。他对臣民发表了激动人心的演讲，请求他们守卫圣城，守卫东方基督教世界的中心。然而希腊人仅仅记得他是个背教者，背叛了父祖的信仰，向教宗俯首称臣。不满的居民冷眼旁观，全城仅有2000志愿兵。神学上的争议让盲目的大众和诺塔拉斯一样，宁肯让奥斯曼人入城，也不愿接受罗马教廷。

　　1453年4月，年轻的苏丹带着7万精锐部队，正式开始对君士坦丁堡的陆墙发动进攻，同时数百艘加莱桨帆船组成的舰队驶入了博斯普鲁斯海峡。结局可以说确定无疑了。9000人根本不足以防卫君士坦丁堡的城墙与海墙，更何况面对的是年轻勇猛的统帅以及他麾下的大批精兵。穆罕默德开始用火炮轰击城墙，而曾经让许多敌人的攻城武器无功而返的坚固古罗马石墙此时已不足以抵御火药的威力。苏丹的火炮虽然简陋，但火力大、数量多，不久之后城墙便被撼动，出现了几处缺口。

君士坦丁十一世和他部队的最高指挥官乔瓦尼·朱斯蒂尼亚尼，以他们的勇敢与智慧做了一切力所能及的事，以期阻挡攻城者的脚步。他们发动突袭，从海路袭击奥斯曼舰船，并试图用己方的火炮摧毁对方的攻城武器。但他们发现古城墙过于狭窄，无法在上面架设火炮，而即使架起了火炮，其后坐力也会对城墙造成损坏，因而炮击很快就被迫停止了。

在海上，基督徒取得了一次大胜。四艘加莱桨帆船从爱琴海突破了整个奥斯曼舰队的封锁，安然抵达金角湾，一路上还击沉了数艘奥斯曼人的舰船。然而奥斯曼人在海上的数量优势和他们在陆上的数量优势一样明显，这场胜利不过是在拖延在所难免的结局而已。穆罕默德甚至成功控制了城中的港口，他使用滑轮将轻型战舰拖过博斯普鲁斯海峡与金角湾之间的狭窄地峡，穿过加拉太，进入金角湾。这样，城市内侧的海墙和外侧的海墙一样，都要防备敌人的攻击了。

结局在 1453 年 5 月 29 日到来。苏丹的部下打开了几道缺口，其中主要突破口位于圣罗曼努斯门，那里的两座塔楼和幕墙全部坍塌，并滚落进护城河。攻城的绝佳机会已经出现，而绝望的皇帝将面对自己的命运。希腊历史学家以无限的惋惜，记载了这位不幸君主人生的最后时刻。他在午夜时分离开城墙，在圣索菲亚大教堂按照拉丁仪礼领取了圣餐，并在他近乎废墟的宫殿之中勉强睡了几个小时。次日破晓时分，他骑马返回了前线。在进行人生的最后一段旅途之前，他的官员和随从们围拢过来。他坚定地望向每一个人，请求他们宽恕他此前有意或无意的冒犯。而后君士坦丁催马向前，迎接即将到来的死亡。人们用眼泪与哀鸣为他送行。

奥斯曼人的攻城也在破晓时分展开。敌人从三个方向袭来，并对城墙的薄弱部分发动轮番攻击，而主攻方向正是圣罗曼努斯门的巨大缺口。皇帝亲自与朱斯蒂尼亚尼率领麾下精锐，在最危险的缺口抵抗，抵御敌方的凶猛突击。1200 名耶尼切里手持弯刀，接连不断地发起进攻。一批耶尼切里被击退之后，另一批又猛扑上来。缺口处的守军杀死了数以百计的攻城者，毕竟他们的毡帽与布衣无法抵御 15 世纪的重型武器。然而守军越来越少、越来越疲惫。朱斯蒂尼亚尼被击中，部下将受了致命伤的他带到了战舰上。君士坦丁最后几乎独自在缺口继续抵抗，而根据奥斯曼编年史的记载，乌鲁巴特的哈桑最终率部冲破了城防。皇帝和他的战友们被土耳其人踩在脚下，胜利的大军冲进君士坦丁堡颓败的街巷之中，搜寻着敌人，而守军已经被他们全部消灭。希腊人期待上帝降下奇迹，拯救这座基督徒的至高之城。他们涌入教堂，在性命攸关的时刻仍在狂热地祈祷。攻城者胜利的呼喊声宣告了他们时代的结束，祈祷者们被拖出教堂，成为任征服者处置的奴隶。

穆罕默德二世跟在士兵之后，从城墙的缺口处策马进入城内，打量着此前众多来自东方的攻城者都无缘一睹的街区景致。他命令军队搜寻拜占庭皇帝，并最终在死尸堆中找到了君士坦丁的尸体。这具尸体伤痕累累，只能通过战靴上的金质双头鹰辨认出皇帝的身份。奥斯曼人砍下皇帝的首级，将之遍传国内的各大城市示众，作为胜利的象征。穆罕默德在骑马前往圣索菲亚大教堂的路上，途经大赛车场时，注意到那里的德尔斐三头蛇柱，这根蛇柱是君士坦丁大帝在 1100 年前立在这里的。或许是因为柱子上颇具攻击性的蛇雕激怒了他，或许仅仅是为了展示武力，苏丹踩着

马镫，用他的权杖砸掉了离他最近的那只蛇头的下巴。穆罕默德
的举动颇具象征意义。他损坏的是西方世界第一次对东方世界取
得重大胜利时制作的纪念物。他作为薛西斯、霍斯劳、穆斯利玛
以及其他东方君主们意志的继承者，完成了先辈们不曾完成的伟
业。而最能展现对希腊人的征服的举动，就是选择这个在希腊人
最初的辉煌时期就竖立起来的、用来庆祝在普拉提亚战役中成功
抵挡了波斯人的古老纪念物，用轻蔑的方式将它毁坏。

　　最终，苏丹来到圣索菲亚大教堂，那里哀鸣着的俘虏们正在
被士兵们分配。他从东门进入，命令一位阿訇登上讲坛，重复穆
斯林信仰的经句。"万物非主，唯有真主，穆罕默德是真主的使
者"，这句颂词回响在 30 代牧首进行基督教典礼的穹顶之下。整
个欧洲与亚洲都认识到，这个基督教世界中历史最漫长的帝国就
此灭亡。

夜之天使

拜占庭皇帝年表

（＊为共治皇帝）

戴克里先　284—305

伽勒里乌斯　305—311

李锡尼　311—324

君士坦丁一世　324—337

君士坦提乌斯二世　337—361

尤里安　361—363

约维安　363—364

瓦伦斯　364—378

狄奥多西一世　379—395

阿卡狄乌斯　395—408

狄奥多西二世　408—450

马尔西安努斯　450—457

利奥一世　457—474

利奥二世　474

芝诺　474—491

阿纳斯塔修斯　491—518

查士丁一世　518—527

查士丁尼一世　527—565

查士丁二世　565—578

提比略二世　578—582

莫里斯　582—602

福卡斯　602—610

希拉克略　610—641

君士坦丁三世　641

希拉克伦纳斯　641

君士坦斯二世　642—668

君士坦丁四世　668—685

查士丁尼二世　685—695

利昂提乌斯　695—698

提比略三世　698—705

查士丁尼二世　705—711

菲利皮库斯　711—713

阿纳斯塔修斯二世　713—715

狄奥多西三世　715—717

利奥三世　717—740

君士坦丁五世　740—775

利奥四世　775—779

君士坦丁六世　779—797

伊琳妮　797—802

尼基弗鲁斯一世　802—811

斯塔乌拉基奥斯　811

米哈伊尔一世　811—813

利奥五世　813—820

米哈伊尔二世　820—829

塞奥菲罗斯　829—842

米哈伊尔三世　842—867

巴西尔一世　867—886

利奥六世　886—912

亚历山大　912—913

君士坦丁七世　913—959

* 罗曼努斯一世　920—944

罗曼努斯二世　959—963

巴西尔二世　963—1025

* 尼基弗鲁斯二世　963—969

* 约翰一世　969—976

君士坦丁八世　1025—1028

罗曼努斯三世　1028—1034

米哈伊尔四世　1034—1041

米哈伊尔五世　1041—1042

佐伊　1042

君士坦丁九世　1042—1055

塞奥多拉　1055—1056

米哈伊尔六世　1056—1057

伊萨克一世　1057—1059

君士坦丁十世　1059—1067

米哈伊尔七世　1067—1078

* 罗曼努斯四世　1068—1071

尼基弗鲁斯三世　1078—1081

阿莱克修斯一世　1081—1118

约翰二世　1118—1143

曼努埃尔一世　1143—1180

阿莱克修斯二世　1180—1183

安德洛尼库斯一世　1183—1185

伊萨克二世　1185—1195

阿莱克修斯三世　1195—1203

伊萨克二世　1203—1204

* 阿莱克修斯四世　1203—1204

阿莱克修斯五世　1204

塞奥多里一世（尼西亚）　1204—1221

约翰三世（尼西亚）　1221—1254

塞奥多里二世（尼西亚）　1254—1258

约翰四世（尼西亚）　1258—1261

* 米哈伊尔八世（尼西亚）　1258—1261

米哈伊尔八世　1261—1282

安德洛尼库斯二世　1282—1328

* 安德洛尼库斯三世　1321—1328

安德洛尼库斯三世　1328—1341

约翰五世　1341—1376

* 约翰六世　1347—1354

安德洛尼库斯四世　1376—1379

约翰五世　1379—1391

曼努埃尔二世　1391—1425

约翰八世　1425—1448

君士坦丁十一世　1449—1453

图书在版编目（CIP）数据

拜占庭帝国的故事/（英）查尔斯·欧曼著；李达译. -- 北京：中国友谊出版公司，2022.9
ISBN 978-7-5057-5513-0

Ⅰ.①拜… Ⅱ.①查… ②李… Ⅲ.①拜占庭帝国—历史—普及读物 Ⅳ.① K134-49

中国版本图书馆 CIP 数据核字 (2022) 第 112579 号

书名	拜占庭帝国的故事
作者	〔英〕查尔斯·欧曼
译者	李　达
出版	中国友谊出版公司
发行	中国友谊出版公司
经销	新华书店
印刷	天津中印联印务有限公司
规格	880×1194 毫米　32 开
	8.25 印张　185 千字
版次	2022 年 9 月第 1 版
印次	2022 年 9 月第 1 次印刷
书号	ISBN 978-7-5057-5513-0
定价	42.00 元
地址	北京市朝阳区西坝河南里 17 号楼
邮编	100028
电话	（010）64678009